唐宋
飲食文化發展史

陳偉明／著

臺灣**學生書局** 印行

序

　　唐代開國的雄渾恢廓，宋代氣象的細膩精致，深化傳統中國
的生活內涵；唐、宋在中國歷史發展進程中，也具有承上啓下的
文化作用。眾所周知，飲食生活綜攝物質文明與精神文化的雙重
層面；也是測候衡量一個時代經濟興衰、生活品質的指標。每當飲
食生活發展到一個相對的穩定水平之時，就有自發性能量釋出，
激盪一個時代的璀璨文化來，唐、宋就是其中的佼佼代表者。

　　偉明兄在四、五年前，即將本書手稿託請付梓，至今始如其
願，雖未滄桑，然頗有幻夢之慨。是著就唐宋飲食的結構變化、
美食特色、觀念心理、器具形質、飲食療法、食業興盛、屠宰加
工、釀酒工藝、食糖生產、茶業發展、食品貯存以及飲食要籍，
皆有一整體系列的介述，要言不煩，兼具有學術性與通俗性。尤
其是末章，對於瞭解此一時期的飲食文化，就如同一把啓鑰，讀
者幸勿得魚而忘筌。

　　著者在暨南大學歷史系任講師時，以沉耽同味之緣，魚雁往
來有年；後負笈港大攻取博士，又順升爲副教授。近聞又靜極思
動，有心出國訪學研究，他山之石正可以攻錯，前景不可限量。
值此版行之際，版方囑序，附贅數語於前，未敢自言一日之長。

吳智和　乙亥年春於羅東寓所

唐宋飲食文化發展史

目 錄

前　言

　　民以食爲天，人類的生存發展一天也離不開飲食。隨著生產的發展和社會的進步，飲食也僅僅從滿足人類的生理需要，逐步形成一種社會習俗，構成人類文化的一個組成部份，成爲社會生產和科學進步的標誌與表現。

　　人類飲食文化內容，簡言之，歸根結底無非是吃什麼與怎樣吃的問題，實際上就包括了飲食活動與食品加工。中國古代飲食文化源遠流長，飲食生活豐富多彩，食品加工不斷發展創新，構成了中國古代燦爛物質文明與精神文明生活的重要內容之一。唐宋時期，是中國封建社會興旺繁榮的歷史時期，反映在飲食文化上也顯示了高度發展的歷史趨勢，飲食生活與食品加工，在繼承前人的基礎上更加發揚光大，不斷推陳出新，展示了唐宋社會生活多姿多彩的歷史畫卷。唐宋時期，飲食生活與食品加工的進步絕非偶然。當時農業生產的發展，爲飲食文化的繁榮提供了重要的物質基礎；中外政治、經濟、文化交流的日益頻繁，有助於中外飲食文化的相互融合吸收，相互促進發展；交通事業的發達與商業都市盛興，進一步豐富了人類社會經濟文化活動的內容，刺激了飲食生活與食品加工的興旺。在這樣的歷史條件下，迎來了飲食文化的空前高漲，顯示了新的發展和特點，把中國古代物質與精神生活水平提高到一個新的發展階段。其所留下豐富寶貴的飲食文化遺產，承上啓下，在中國古代社會文明發展史上，寫下

了光輝的一頁，爲後世乃至於近現代中國飲食文化，屹立於世界
文化之林打下了牢固的基礎。

中國飲食文化研究是一個複雜的問題，縱橫結合，千頭萬緒，
唐宋時期僅是其中一個歷史階段，但即便如此，由於學識水平有
限，也並非筆者所能盡善，疏謬之處，自知難免，希望拋磚引玉，
能爲中國飲食文化的研究增添片瓦。作爲一個史學工作者，我願
爲此而努力，不當之處，祈望指正。

第一章　唐宋飲食結構的
構成與發展變化

　　所謂飲食結構,實際上應包括食物種類的構成及其構成比例。而在中國上古以至唐宋時期,由於歷史條件所限,缺乏更多具體的數字資料,不可能對食物種類構成比例,作較爲準確的定量分析。因此言唐宋時期的飲食結構,只能大體上圍繞食物的消費種類及某一歷史階段上的變化進行探討分析。

　　關於飲食結構,古人在理論上早有認識。《黄帝內經‧素問篇》最早提出了 "五穀爲養,五果爲助,五畜爲益,五菜爲充" 的飲食養生理論。其實質是中國古代飲食結構理論的最早總結,形象地表達了飲食生活中主要的食物種類及其養生作用。隨著社會經濟的發展,物質生活水平的提高,食物種類構成也不斷變化,基本上始終是在穀、果、畜、菜的食物結構範圍內量的變化。唐宋時期,集古代生活之大成,把傳統飲食結構在理論與實踐的結合中不斷發展完善,使之更爲具體,更加合理,爲中國古代傳統飲食結構的最終定型打下了重要的基礎。此後,歷代基本不變,近世如是。

一　主　食

　　主食,是指維持人體生命與生理活動的最基本食物與食品。

中國地大物博，以農立國。自古以來，一直是以五穀作爲主食，是爲人們日常生活中所必需能量與蛋白質的主要來源。所謂五穀，不過是一個泛指的糧食概念，並不是具體所限定的若干糧食種類。而且在不同時代，不同地區，五穀的種類，也是各有所異，不拘一格。因爲古代飲食生活中的主糧消費，在很大程度上是受社會經濟、社會生產的支配，不可能一成不變。尤以唐宋時期飲食結構中的主糧變化最具意義。自此以後，中國古代的主糧與主食基本定型，歷元、明、清不變。當然，各個地區或某一時期，主糧與主食不可能等齊劃一，只能以飲食消費的發展趨勢大略言之。

唐宋以前，北方主糧與主食在較長的時間內一直是以粟麥爲主，南方似以水稻爲重。而當時經濟重心和人口數量主要集中於黃河流域地區，所以粟麥的生產與消費在全國是佔有絕對優勢，成爲漢晉時代最有代表性的主糧與主食。北魏賈思勰《齊民要術》是把粟放在糧食首位，而且對於粟的品種、習性及飲食特性等，都有詳細的介紹，反映了粟種生產的高度發展及其在國家主糧主食中的地位。而南方地區，主糧與主食也許是以水稻爲主。《晉書·五行志》曾載，晉太和六年（公元371年），"丹陽、晉陵、吳郡、吳興、臨海五郡大水，稻稼蕩沒，黎庶饑饉"，說明了稻穀的重要性。但由於南方地區經濟開發程度尚低，生產落後，地廣人稀，稻米的生產與消費量遠不足與北方粟麥相匹敵。其在飲食結構中處於較爲低下的水平，難能對社會經濟運行產生更多更大的影響。這種以粟麥爲主導的主食結構，入唐以後，漸有所變。社會生產力的提高，經濟重心日趨南移，稻米需求量越來越大，其主糧地位也越來越高。貞觀二年（628年）四月，"尚書左丞戴胄上言曰：今請自王公已下，爰及衆庶，計所墾田，稼穡頃畝，每至秋熟，准見其苗，以理勸課，盡令出粟。麥、稻之鄉，亦同此稅，各納所在，立爲義倉”。“戶部尙書韓仲良奏，王公已下，墾田畝納二升，其粟、麥、粳稻之屬，各依土地，貯之州縣，以備凶年”。❶粟、麥、稻相提並論，反映了主糧生產與消費已開始出現變化。最突出的是小麥與水稻在生產和消費格局上的重大改觀。

　　首先，小麥除了繼續在北方地區發展外，開始逐步推廣至南方地區種植。據近人考證，唐代長江中下游流域地區已實行稻麥複種制。❷唐代文獻中多有記載。如越州地區，“偶斟藥酒欺梅雨，卻著寒衣過麥秋”。❸台州地區，“銅餅淨貯桃花雨，金策閑搖麥穗風”。❹宣州地區，有人“或遇豐歲多麥，傍有滯穗，度知其主必不收者，拾之以歸”。❺其它南方地區，類似的記載尙有不少，茲不贅引。這表明了長江以南地區已在較大範圍內普及小麥種植。至宋代，長江中下游流域地區，稻麥複種更成定制。蘇州地區，“割麥種禾，一歲兩熟”。❻江准以南，實行冬麥與晚稻連作，時人謂“隔歲種成麥，起麥秧稻田”。❼北宋以來，水稻種植還進一步推廣到珠江流域地區。廣南東路惠州博羅，

---

❶　《唐會要》，卷八十八。

❷　李伯重：〈我國稻麥複種制產生於唐代長江流域考〉，《農業考古》，1982年2期。

❸　《全唐詩》，卷六百五十，萬乾：〈鑑湖西島言事〉。

❹　《全唐詩》，卷六百二十六，陸龜蒙：〈和襲美朧後送內大德從昴游天台〉。

❺　〔唐〕趙璘：《因話錄》，卷四。

❻　〔宋〕朱長文：《吳郡圖經續記》，卷上。

❼　〔宋〕曹勛：《松隱文集》，卷二十一，〈山居雜詩〉。

"三山犬牙，央道皆美田，麥禾甚茂"。❽廣南西路某些地區，詩人筆下，也有"秀麥一番冷，送梅三日霖"之語。❾所以唐宋時期，至少北宋開始，小麥的生產已向全國鋪開，具有取代粟而居主糧首位之勢。特別是建炎之後，北民南遷，他們比較習慣消費麥和雜糧，❿更有推廣種植旱地及冬種作物之必要。中央政權適應了當時的形勢，對於小麥及其旱地作物的擴種給予較爲優惠的條件。史稱："江、浙、湖、湘、閩、廣，西北流寓之人徧滿。紹興初，麥一斛至萬二千錢，農獲其利，倍於種稻。而佃戶輸租，只有秋課。而種麥之利，獨歸客戶，於是競種春稼，極目不減淮北。"⓫小麥更進一步發展成爲具有全國性意義的主糧與主食。南宋末年，至有"天下百姓皆種麥"之誇張之語。⓬

其次，南方水稻生產經過不斷發展，唐宋時期更是後來居上，成爲社會經濟生活中舉足輕重的主糧與主食，這一過程，發端於唐，至宋則完全確立了其與小麥並駕齊驅的首要地位，或謂"六穀名居首"。⓭

唐宋以前，南方水稻生產僅是地區性聊以自補罷了，根本不可能對全國的主糧消費產生任何更大的影響。唐初，隨著南方經濟的逐步開發以及大運河的開通，開始出現南糧北運，南方稻米

---

❽ 〔宋〕蘇軾：《蘇東坡全集·後集》，卷四，〈游博羅香積寺並引〉。

❾ 〔宋〕范成大：《范石湖集》，卷十四，〈宜齋雨中〉。

❿ 《續資冶通鑑長編》，卷一百八十六，有"北人不便食秔"之謂。

⓫ 〔宋〕莊綽：《雞肋編》，卷上。

⓬ 〔宋〕黃震：《黃氏日鈔》，卷七十八，〈咸淳七年中秋勸麥文〉。

⓭ 〔宋〕歐陽修：《歐陽文忠公集·居士外集》，卷七，〈和劉原父從幸後苑觀稻呈講筵諸公〉。

逐漸進入到北方以至於全國性的飲食生活結構中。有云："高祖太宗之時，用物有節而易贍，水陸漕運，歲不過二十萬石，故漕事簡。自高宗已後，歲益增多。"中唐以後，南方稻米漕運北方已增至二、三百萬石。貞元初，"增江淮之運，浙江東、西運米七十五萬石，復以兩稅易米百萬石，江西、湖南、鄂岳、福建、嶺南米亦百二十萬石"。❹唐代南糧北運數量與規模的增加，至少可以說明兩個問題，一是說明了北方自安史之亂以後，經濟情況日益凋敝，粟麥主糧生產銳減；二是反映了南方水稻生產的巨大發展，自給有餘，開始左右全國的主糧生產與主食消費。有謂："江、淮田一善熟，則旁資數道。故天下大計，仰於東南"。❺宋代，水稻生產更加盛況空前，南糧北運愈演愈烈。"太平興國六年，汴河歲運江、淮米三百萬石。……至道初，汴河運米五百八十萬石，大中祥符初至七百萬石"。❻一方面，是由於南方地區不斷擴種水稻。北宋初年，"江南、兩浙、荊湖、廣南、福建土多秔稻"。❼北宋中期，更是"江淮民田十分之中，八九種稻"。❽特別是江南蘇、湖、常、秀諸州地區，更成為"國之倉廩"。❾另一方面，在北方有條件的地區，也積極推廣水稻種植。這在唐代已初見端倪。唐初，郭元振在涼州地區"闢屯田，盡水陸之利，稻收豐衍"。❿或開元二十五年，"陳、許、豫、壽四

---

❹　〈新唐書〉，卷五十三，〈食貨三〉。
❺　〈新唐書〉，卷一百六十五，〈權德興傳〉。
❻❼　〈宋史〉，卷一百七十五，〈食貨上三〉。
❽　〈宋會要輯稿・食貨〉，七之十三。
❾　〔宋〕范仲淹：〈范文正公全集・政府奏議〉，卷上，〈答手詔條陳十事〉。
❿　〈新唐書〉，卷一百二十二，〈郭元振傳〉。

州開稻田"。㉑或"廣德二年，春，三月，敕工部侍郎李栖筠、京兆少尹崔沔拆公主水碾磑十所，通白渠支渠溉公私田，歲收稻二百萬斛，京城賴之"。㉒至宋代，更是由中央政權大規模倡導發展。端拱初年，"言者謂江北之民雜植諸穀，江南專種秔稻，雖土風各有所宜，至於參植以防水旱，亦古之制。於是詔江南、兩浙、荊湖、嶺南、福建諸州長吏，勸民益種諸穀。民乏粟、麥、黍、豆種者，於淮北州郡給之，江北諸州，亦令就水廣種秔稻，並免其租"。㉓淳化四年，"發河北諸州戍兵萬八千人開河北沿邊塘泊種水稻"。㉔"初年種稻，值霜不成"。後"以晚稻九月熟，河北霜早而地氣遲，江東早稻，七月即熟，取其種課令種之。是歲八月，稻熟"。㉕難怪時人有謂："今有水田處，皆能種之"。㉖靖康之後，北民南遷，帶來了許多先進的農業生產經驗和技術，不斷融匯於水稻種植中，"水田之利"，更"富於中原"。㉗水稻生產出現躍進的局面。時流傳的民諺謂："蘇湖熟，天下足"。㉘標誌著唐宋時期的主糧主食，至南宋時，已經基本完成了由粟麥向稻麥爲主的飲食結構之轉變。

除以稻麥爲主糧主食，其它粟、黍、豆、高粱等糧食品種並

㉑　《舊唐書》，卷九，〈玄宗下〉。

㉒　〔宋〕王讜：《唐語林》，卷一。

㉓　《宋史》，卷一百七十三，〈食貨上一〉。

㉔　〔宋〕李燾：《皇宋十朝綱要》，卷二。

㉕　《宋史》，卷一百七十六，〈食貨上四〉。

㉖　〔宋〕唐慎微：《重修政和經史證類備用本草》，卷二十六。

㉗　《宋史》，卷一百七十三，〈食貨上一〉。

㉘　〔宋〕高斯德：《恥堂存稿》，卷五，〈寧國府勸農文〉。

沒有因此而完全退出歷史舞臺。特別是粟，其主糧地位的下降並
不是因爲它的產量或質量下降衰退，而是因爲其推廣種植程度及
產量的提高率遠遠遜色於稻麥的發展。而南宋偏安江南，粟種地
區幾陷金人之手，其主糧的首要地位自然爲稻麥所取代。即使如
此，粟的生產與消費仍具有相當重要性。特別是唐代，唐代的田
畝租稅，名義上仍以粟爲標準。宋朝兩稅中，"穀之品七：一曰
粟，二曰稻，三曰麥，四曰黍，五曰穄，六曰菽，七曰雜子"，❷❾
固然是有傳統的影響所致，但也不能完全否定粟的生產消費地位。
其它雜糧的生產與消費也仍然具有一定的地區性傾向。如高粱，
"今惟京東西河陝間種蒔"，"大抵人多種粟而少種粱，以其損
地力而收穫少。而諸粱食之比他穀最益脾胃，性亦相似耳。粟米
比粱乃細而圓，種類亦多，功用則無別矣"。丹黍，"今京東西
河陝間皆種之，然有兩種，米黏者爲秫，可以釀酒，不粘者爲黍，
可食，如稻之者粳糯耳"。❸❿當然，它們的生產和消費，與當時
稻麥的發展趨勢相比，顯然望塵莫及。

　　唐宋時期的飲食結構，繼承"五穀爲養"的主食傳統，以稻
麥爲主，兼吃雜糧。其食用形式更是豐富多樣。

　　飯類。這是最平常而普通的主食方式，唐宋時期飯的製作方
法基本是以蒸煮而成。宋人張端義《貴耳集》載"王黼宅與一寺
僧爲鄰，有一僧每日在黼宅溝中流出雪色飯顆，漉出洗淨曬乾。
不知幾年，積成一囤。靖康城破，黼宅骨肉絕食，此僧即用所囤
之米，復用水浸煮熟，送入黼宅，老幼賴之無饑"。或以單一穀

---

❷❾　《宋史》，卷一百七十四，〈食貨上二〉。

❸❿　〔宋〕唐愼微：《重修政和經史證類備用本草》，卷二十六。

物炊製而成。如 "紫米有類巨勝，炊一升，得飯一斗"。❸又 "信州玉山縣，塘南七里後，民謝七妻，不孝於姑，每飯以麥，又不得飯，而自食白秔飯"。❸可見飯食也不僅限於以稻米爲原料，麥或其他糧食品種也可以製作飯類。或以多種原料搭配製作而成，類似現代所謂 "雜錦飯"。如 "團油飯"。據說 "以煎蝦、魚炙、鷄、鵝、煮豬羊、雞子羹、餅灌腸、蒸腸飯、粉餈、粔籹、蕉子、薑桂、鹽、豉之屬，裝而食之"。❸ "清風飯"，"寶歷元年，內出清風飯製度，賜御庖令造進。法用水晶飯、龍睛粉、龍腦末、牛酪漿調事畢"。❸這類飯食恐非民間之所見。民間的雜錦飯類，一般用料較爲質朴簡單。如 "玉井飯"，"甚香美，其法削嫩白藕作塊，採新蓮子去皮心，候飯少沸投之，如盦飯法"。❸由單一的素飯之品向多種食物原料搭配的雜錦飯品發展，表現了飲食文化水平的提高。

　　粥類。這也是較爲普遍的的飲食方式，一般也是以水煮成。其成品之量，可由水份增減來調節。當時粥類食用十分普及，品種繁多。宋人周密《武林舊事》卷六就記載有七寶素粥、饊子粥、綠豆粥、五味粥、粟玉粥、糖豆粥、糖粥、糕粥等品種。當時的粥品，除了一般食用外，或許還有兩個方面的作用較爲特殊。一者可能是爲了節省糧食，在個別經濟落後的地區偶有所見。宋代海

❸　《太平廣記》，卷四百〇五。

❸　〔宋〕洪邁：《夷堅志·夷堅丙志》，卷八。

❸　〔唐〕段公路：《北戶錄》，卷二。

❸　〔宋〕陶穀：《清異錄》。

❸　〔宋〕林洪：《山家清供》，卷下。

南，“地多荒田，所產秔稌不足食，乃以諸芋作粥糜以取飽”。**㊱**
二者是爲了養生益壽。宋人陸游《食粥》詩有云：“世人個個學
長年，不悟長年在日前，我得宛丘不易法，只將食粥致神仙”。
詩序謂：“張文潛食粥說，謂食粥可延年，予竊愛之”。唐宋
時期的不少食療著作，都對粥品的食療作用作了各種各樣的論述
和記載，粥品已成爲重要的藥膳食品之一。即使上層統治階級的
飲食生活中，粥品也是常見的食品。

　　麵食糕餅類。當時此類食品既可作正膳，也可爲一般小食，
故其風甚盛，品種頗多。或餅類，“時豪家食次，起羊肉一斤，
層布於巨胡餅，隔中以椒、豉，潤以酥，入爐迫之，候肉半熟食
之，呼爲‘古樓子’”。**㊲**或糕類，玄宗時大夫李栖筠召對，“上
謂曰，今日京兆尹進新糯米，得糕糜，卿且唯喫”。**㊳**或餛飩，
嶺南“其俗入冬好食餛飩，往往稍喧食”。**㊴**或湯團，“水團，
秫粉包糖，香湯沃之”。**㊵**此外還有諸如包子、饅頭、麵條等各
類麵食製品。由於麵食製品食用普遍，所以麵粉等原料需求量甚
大。唐天寶初年，“於京城西北截澧水作碾，並轉五輪，日碾麥
三百斛”，**㊶**宋熙寧十年，御廚米麵開支，“米五千五百七十八
石八斗五勺，麵一百一十一萬六百六十四斤”。**㊷**反映了麵食製

㊱　〔宋〕趙汝適：《諸蕃志》，卷下。
㊲　〔宋〕王讜：《唐語林》，卷六。
㊳　《太平廣記》，卷一百四十九。
㊴　〔唐〕高擇：《群居解頤》。
㊵　〔宋〕陳達叟：《本心齋蔬食譜》。
㊶　《舊唐書》，卷一百八十四，〈宦官傳〉。
㊷　《宋會要輯稿•方域》，四之十。

品已成爲主食的重要形式之一。麵食製品原料，南北有別，北方主要是麥類麵粉，而南方則多以米粉爲食。唐代，“廣州俗尙米麨，合生熟粉爲之，規白可愛，薄而復明，亦食品中珍物也”。❸蘇東坡曾謂：“劉監倉家置米粉作餅子，余云爲甚酥”。❹又一次證明了稻米主糧消費範圍的擴大。

　　唐宋時期，以稻麥爲主飲食結構的確立，奠定了中國主食消費的發展方向。而且主食消費形式多樣，花款百出，更是前所未見，反映了主食在飲食生活中的重要性與完整性，進一步體現了“五穀爲養”的合理思想。

二　果　食

　　水果食品在飲食生活中具有重要的地位。在維持人體正常生命生理活動的主食滿足後，若經常吃一些水果，對於人體機能正常運行會有更大幫助。水果中不僅含有胡蘿蔔素、核黃素等維生素及一些重要的微量元素，而且糊精、單糖、檸檬酸等方面的含量也爲主糧及蔬肉食品所不及。由於水果食品對於人類身體健康具有重要的輔助作用，使人類飲食營養吸收更加豐富，更加全面。所以在古代的飲食生活和飲食療法中，水果食用十分廣泛。唐宋時期，水果食用更上一層樓，在理論與實踐中不斷完善傳統的飲食結構，開始了古代“五果爲助”的眞正時代。

　　唐宋時代，水果食用也經歷了一定的發展過程。唐代的水果食用，或作茶餘酒後的助興佳品，中宗景龍四年（710年），“上

---

❸　〔唐〕段公路：《北戶錄》，卷二。

❹　〔宋〕蘇軾：《蘇東坡全集·續集》，卷二，〈病後醉中〉。

游櫻桃園，引中書門下五品已上諸司長官學士等人入芳林園嘗櫻桃。便令馬上口摘，置酒爲樂"。❹或用於飲食療法，"木瓜性益下部，若腳、膝筋骨有疾者，必用焉，故方家號爲‘鐵腳梨’"。❹諸如《食療本草》、《千金要方》等醫著也大量採用果品作爲基本的食療藥膳之一。或作缺糧時的充饑之物。五代時，晉王曾窮追汴師，糧運不繼，蒸粟以食，軍中遂呼粟爲"河東飯"。❹但唐代似乎在水果入饌方面則較爲少見。入宋以後，水果與飲食生活的關係更爲密切。北宋開封的飲食店鋪，果品食用更非一般。除了酒飯肉蔬，"又有托小盤賣乾菓子，乃旋炒銀杏、栗子、河北鵝梨、梨條、梨乾、梨肉、膠棗、棗圈、梨圈、桃圈、核桃、肉牙棗、海紅嘉慶子，林檎旋烏李、李子旋櫻桃、煎西京雪梨、夫梨、甘棠梨、風栖梨、鎮府濁梨、河陰石榴、河陽查子、查條、紗苑榅桲、回馬孛葡、西川乳糖、獅子糖、霜蜂兒、橄欖、溫柑、綿根金橘、龍眼、荔枝、召白藕、甘蔗、漉梨、林檎乾、枝頭乾、芭蕉乾、人面子、巴欖子、榛子、榧子、蝦具之類"，❹其種類之廣，南北諸果皆全；形式之多，包括生果、乾果、熟果，反映了宋代果食之風盛行。南宋臨安的王公貴族、豪紳巨賈，還設有四司六局，專門管理舉辦筵席，宴會賓客。其中專設有"果子局"，"專掌裝簇、盤飣、看果、時果，準備勸酒"，❹表現了當時果食在飲食生活中的重要性和必要性。而且最令人矚目的是，果品

---

❹　《舊唐書》，卷七，〈中宗紀〉。

❹❹　〔宋〕陶穀：《清異錄》。

❹　〔宋〕孟元老：《東京夢華錄》，卷二。

❹　〔宋〕灌圃耐得翁：《都城紀勝》。

入饌開始普及，標誌著水果食品在飲食結構中的地位進一步確立與定型。宋代有關文獻中記載了不少果饌的內容。又以宋人林洪《山家清供》所載的內容較爲全面和具體。或以果品入飯，"蟠桃飯"，"採山桃用米泔煮熟，實水中去核，候飯湧同煮。……。桃三梨四，能依此法，皆可飯矣"。或以果品入粥，"眞君粥"，"杏子煮爛，去核，候粥熟同煮"。另據宋人孟元老《東京夢華錄》所載，京師東京十二月八日，"都人是日各家亦以果子雜料煮粥而食也"。或以果品入餅，"櫻桃煎"，"其法不過煮以梅水去核，搗印爲餅，而加以白糖耳"。或以果品作菜餚的主輔料，如"蟹釀橙"，"橙用黃熟大者，截頂剜去穰，留少液，以蟹膏肉實其內，仍以帶枝頂覆之，入小甑，用酒醋水煮熟，用醋鹽供食，香而鮮，使人有新酒菊花香橙螃蟹之興"。又"橙玉生"，"雪梨大者，去皮核，切如骰子大，後用大黃熟香橙去核搗爛，加鹽少許，同醋醬拌勻供，可佐酒興"。或"梅花脯"，"山栗橄欖薄切同伴，加鹽少許，同食，有梅花風韻"。可知宋代果品已全面滲入食品菜餚製作的各個方面，進一步發揮其營養及風味之功效。

此外，唐宋時期還繼續以水果釀酒。葡萄酒，"收取子汁，釀之自成酒"。❺⓿或"洞庭春色"，"橙子取十分登熟者，淨刮去穰，白取皮，每煮酒臨封次以片許納器中，開飲香味可人"。❺❶水果飲料也頗爲盛行。宋代《西湖老人繁勝錄》中所載的"諸般

---

❺⓿ 〔唐〕蘇敬：《唐新修本草》，卷十七（輯集本），安徽科技出版社，1981年。

❺❶ 〔宋〕陳元靚：《事林廣記・別集》，卷八。

水名"，就有漉梨漿、木瓜汁、鹵梅水、荔枝膏等水果飲料，爲
"富家散暑藥冰水"。當時水果飲料的製作已具有相當水平。如
"楊梅渴水"，"楊梅不計多少，揉搦取自然計濾至十分，淨入
砂石器內，慢火熬濃，滴入不散爲度，若熬不到則生白潔，收以
淨器。用時，每一斤梅汁入煉熱白沙蜜三斤，腦麝少許，掩勻以
冰口飲之"。或"五味渴水"，"北五味子肉，一兩爲率。滾湯
浸一宿，取汁同煮，下濃黑豆汁對當的顏色恰好，用煉熟蜜對入，
酸甜得所，慢火同熬一時許，涼熱任用"。❷從原料的處理、配
料的混和、火候、色澤、味道的調配都有一套完整的工藝程序，
進一步反映了唐宋時期的果食，已從飲食生活中的不同方面，眞
正顯示出"五果爲助"的作用。

三 肉 食

　　肉食，是指禽獸所提供的肉類食品。"五畜爲益"正是從肉
類食品所具有的營養價值而言。葷食品中含有較高的能量，包括
有豐富的蛋白質、脂類物質以及足量而平衡的 B 群維生素和微量
元素，還含有一般素食品中所不備的養分和其他生物活性物質等，
更有益於身體機能的運行和健康。古代中國是一個較爲單純的農
業大國，畜牧業相對較爲落後，肉類食品向爲缺乏。只有在社會
經濟相對較爲發展的歷史時期，畜牧業才可能有所發展，才能向
社會生活提供更多的肉類食品。唐宋時期，正處於中國封建社會
經濟發展的上升階段，肉類食品之缺乏始有較大改觀。特別是在
城市及上層統治階級的飲食生活和飲食結構中，肉食的比重更加

---

❷ 〔宋〕陳元靚：《事林廣記‧別集》，卷七。

顯示了發展增長之勢。

首先，葷食原料已經越來越成爲城市以及上層社會飲食饌餚的主體，肉類食品的製作具有很高水平。對於肉類原料的分級取捨頗有講究，爲創製出各種不同的美味佳餚提供了重要的條件。以宋代爲例，根據肉類原料的不同部位可分爲三大類，即分爲肉、骨頭、事件。“事件”乃指禽獸的頭、蹄、肝、肺等。肉類本身理所當然成爲食餚中的主要原料，可以炮製出上乘佳品，而過去視爲下腳的頭、蹄、內臟等，也今非昔比，同樣可以烹製出衆多的美味食品。如羊肉類，宋人孟元老《東京夢華錄》中就記述了不少屬於下腳料的肉品佳作，調製出諸如旋煎羊白腸、批切羊頭、乳炊羊肫、虛汁垂絲羊頭、入爐羊羊頭、羊腳子、點羊頭等菜餚。又豬肉原料中的豬腰，唐以前視作“下腳料作”而宋代採用多種調料，再加上刀工的變化，烹製出多種豬腰菜餚。或焙腰子、鹽酒腰子、脂蒸腰子、釀腰子、荔枝焙腰子、腰子假炒肺等。豬肚，過去也非正宗之品，而宋代也烹製出不少豬肚名餚。或有三色肚絲羹、銀絲肚、肚絲簽、蝦魚肚兒羹、假炙江瑤肚尖等。其它諸如豬肝、羊舌、鵝肫、鵝掌、豬羊血等，都能成爲深受歡迎的菜餚。❸甚至有不少下腳料及內臟所製食餚，還登上大雅之堂，列入那些達官貴人爲皇帝所設的名貴宴席中。紹興年間，“高宗幸清河王張俊弟，供進御筵”，其中就有荔枝白腰子、羊舌簽、肫掌簽、萌芽肚胘、鵝肫掌湯䪥、血粉羹等。❹反映了唐宋時期城市及上層社會生活中，肉類食品的豐富及烹調製作之精巧。

---

❸ 〔宋〕吳自牧：《夢粱錄》，卷十六。

❹ 〔宋〕司膳內：《玉食批》。

其次，魚蝦類水產品在食餚中所佔的比例不斷增加，隨著社會經濟的發展和科技的進步。唐宋時代漁業捕撈與人工養殖都有較大程度的發展。或以釣魚，詩謂："首戴圓荷髮不梳，葉舟爲宅水爲居，沙頭聚看人如市，釣得澄江一丈魚"。❺❺又："曉日照江水，遊魚似酒瓶，誰言解縮頸，貪餌每遭烹"。❺❻或以網捕撈，詩謂："緜州江水之東津，魴魚鱍鱍色勝銀，漁人漾舟沈大網，截江一擁數百鱗"。❺❼或利用某些動物的習性馴養捕魚。"元和末，均州鄖鄉縣有百姓，年七十，養獺十餘頭，捕魚爲業。隔一日放出。放時，先閉於深溝斗門內令饑，然後放之，無網罟之勞，而獲利相若"。❺❽又"取魚用鸕鷀快捷爲甚，當涂菱塘，石阜民莊舍在焉，畜鸕鷀於家，纜小舟在岸，日遣一丁取魚供家"。❺❾最具意義的人工養魚也開始了更大的發展。唐代嶺南，"新瀧等州山田，揀荒平處以銀鍬開爲町畦。伺春雨，丘中聚水，即先買鯇魚子散於田內，一二年後，魚兒長大，食草根並盡，既爲熟田，又收魚利"。❻❶宋人葉夢得《避暑錄話》也曾提及浙東地區，由於溪水湍急，當地庶民唯多鑿池養魚。漁業的發展能夠爲飲食生活提供更充裕的魚蝦類產品，擴大了當時肉類食品的來源。漁業發展尤以東南沿海及一些陂塘澤國爲最。所謂"南海之人，恃魚

---

❺❺　《全唐詩》，卷六百三十九，張喬：〈漁者〉。

❺❻　〔宋〕蘇軾：《蘇東坡全集・續集》，卷一，〈鯿魚〉。

❺❼　《全唐詩》，卷二十百二十，杜甫：〈觀打漁歌〉。

❺❽　〔唐〕段成式：《酉陽雜俎》，前集，卷五。

❺❾　〔宋〕陶穀：《清異錄》。

❻❶　〔唐〕劉恂：《嶺表錄異》，卷上。

爲命”。[61]又雩都縣曲陽鋪東，“有兩塘，各廣袤二十畝，田疇素蒲,只仰魚利以資生”。[62]這裡或者是以魚類爲主要肉類食品，或者是以漁業爲經濟命脈,都是與魚類食品消費有重要關係。北宋開封,爲了滿足社會之需,還設有經營魚類買賣批發的“魚行”。“賣生魚則用淺抱桶，以柳葉間串清水中浸，或循街出賣，每日早惟新鄭門、西水門、萬勝門，如此生魚有數千檐入門。冬月即黃河諸遠處客魚來，謂之‘車魚’，每斤不上一百文”。[63]南宋臨安也出現了鮮魚行、魚行、蟹行及鮝團等專營魚類的團行。[64]據宋人吳自牧《夢粱錄》的記載，時臨安的數百種菜餚中，魚類產品幾佔一半，包括魚、蝦、蟹及各種海河水產品。其烹製方式也是多種多樣。如果說《夢粱錄》中所載魚餚乃是空有其名，缺乏烹調製作方法之記錄，那麼宋人浦江吳氏《中饋錄》中所載的魚類烹調方法，或許更能說明問題。或油炙，“以鰣魚去頭尾，切作段，用油炙熟”。或清蒸，“鰣魚去腸不去鱗，用布拭去血水，放盪鑼內以花椒、砂仁、醬擂碎，水、酒、葱拌勻,其味和，蒸之”。或煮，“凡煮河魚，先下水下燒，則骨酥，江河魚先調滾汁下鍋則骨堅也”。或乾製，“蝦用鹽炒熟，盛籮內，用井水淋，洗去鹽，晒乾”。或以魚蝦製醬，“用魚一斤,切碎洗淨後，炒鹽三兩，花椒一錢，茴香一錢，乾薑一錢，神麴二錢，紅麴五錢，加酒和勻拌魚肉，入瓷瓶封好，十日可用。吃時加葱花少

[61] 〔宋〕鄧肅：《栟榈先生文集》，卷十九，〈跋李舍人放鮝文〉。

[62] 〔宋〕洪邁：《夷堅志•夷堅丁志》，卷三。

[63] 〔宋〕孟元老：《東京夢華錄》，卷四。

[64] 〔宋〕周密：《武林舊事》，卷六。

許"。魚類產品食用製作的廣泛與多樣，成爲當時食品菜餚的一個新特點。

另外，唐宋時期調味品食用十分普及。、酒、醋、醬、油及其它香料製品均具有去腥膻異味，保鮮增香的作用，在肉類食品的烹調中是必不可少的。甚至有"泉南爲海錯崇觀之地，杯盤之間，非醋不可舉箸"。**⑥⑤**當時所用調味品，不僅種類諸多，而且消費量恐也不少。"唐元載破家，籍財物，得胡椒九百石"。**⑥⑥**調味品的烹調食用通常是以多種調味品綜合運用。有"春採笋蕨之嫩者，以湯瀹過，取魚蝦之鮮者同切作塊子。用湯泡裹蒸熟，入醬油、蔴油，鹽研胡椒同菉豆粉皮拌匀，加滴醋"。**⑥⑦**所以調味品食用的發展，至少可從一個側面反映了肉類食品在唐宋飲食結構中日趨豐富，愈加普及。

唐宋時期，肉類食品的不斷增加，使傳統的"五畜爲益"的飲食理論更具有實際意義，有助於古代中國飲食結構繼續朝著完整和合理的方向發展。

四　蔬　食

蔬食也是飲食結構中的重要內容。中國自古以農立國，蔬食具有悠久的歷史與傳統，幾與主食相輔相成。蔬菜能夠進一步充實人類身體健康所必需的各種養分，是人類日常必需多種維生素和礦物質的主要或重要來源，其所含有的諸如鉀、鎂、鈣、鐵等

---

⑥⑤　〔宋〕洪邁：《夷堅志·夷堅丁志》，卷十二。

⑥⑥　《太平廣記》，卷二百四十三。

⑥⑦　〔宋〕林洪：《山家清供》，卷上。

金屬性礦物質，對於維持機體酸鹼平衡具有極爲重要的作用，而所含有較多的纖維素、果膠、木質素、葉綠素及其它有益健康的生物性物質，有助於食物的消化與吸收，增強機體抗病能力，提高免疫力。所以蔬素成爲人類飲食生活中不可缺少的重要食品。

唐宋時期，蔬食並沒有因果食、肉食在飲食結構中的比例日重而有所遜色，而是繼續發展，蔬菜品種的不斷增加清楚地表明了這一點。以唐代孟詵、張鼎所撰的《食療本草》中所見，屬於蔬菜類的蕹菜、菠薐、落蘇、白苣、蒻、鹿角菜等都是首次見諸於本草學著作。這些蔬菜產品，有些或者過去已經出現，但至唐宋之時，食用更爲普遍。有的則是隨中外經濟文化交流的發展，而由外域引進。如貞觀二十一年，"以遠夷各貢方法，其草木雜物有異於常者"，其中"泥婆羅國獻菠薐菜，類紅藍花，實似蒺藜，火熟之，能益食味。又酢菜，狀如葉，澗而長，味如美鮮。苦菜，狀如苣，其葉澗，味雖小苦，夕食益人。胡芹，狀如芹，而味香。渾嗅葱，其狀如葱而白。辛嗅藥，其狀如蘭，凌冬而青，收乾作末，味如桂椒，其根能愈氣疾"。❻❽又"啁國使者來漢，隋人求得菜種，酬之甚厚，故因名"千金菜"，今萵苣也"。❻❾中外物質文化交流進一步豐富了唐宋時期的蔬菜食品。

唐宋時期，由於蔬食的發展，蔬菜需求量十分之大。如"王戎善營度，每年業火田玉乳蘿蔔，壺城馬面菘，可致千緡"。❼⓿同時其作爲新鮮食品，不可能作遠距離運輸，所以城郊、官署、屋宅、園內所置蔬圃應運而生，普遍出現。唐垂拱三年四月，"命

❻❽　《唐會要》，卷一百。

❻❾❼⓿〔宋〕陶穀：《清異錄》。

蘇良嗣留守西京。時尚方監裴匡躬檢校京苑，將鬻苑中蔬果，以收其利。良嗣曰：‘昔公儀休相魯，猶能拔葵，去織婦。未聞萬乘之主鬻果也’。乃止”。**⑦**貞元八年，奚陟“擢拜中書舍人，……。又躬親庶務，下至園蔬，皆悉自點閱，人以爲難，陟處之無倦”。**⑦**唐穆宗時曾令：“諸州府，除京兆、河南府外，應有官莊宅、鋪店、碾磑、茶菜園、鹽畦、車坊等，宜割屬所管州府”。**⑦**說明了唐代上自皇室宮廷中書省，下及州縣官署都附置菜園，以充實生活食用之需。而民間則多利用城郊外或房前屋後的開散土地種植蔬葉。詩云：“五柳茅茨楚國賢，桔槔蔬圃水涓涓。”**⑦**又：“二升畲粟香炊飯，一把畦菘淡煮羹”。**⑦**而且對於民間私人蔬圃，中央政府還在法律上或法令上予以承認和安排。唐代有律，云：“稱瓜果之類，即雜蔬菜等皆是。若於官私田園之內，而輒私食者，坐臟論。若有棄毀之者，計所棄毀，亦同輒食之罪”。**⑦**宋紹興二年，政府規定：“今荒田甚多，當聽百姓請射。其有闕耕牛者，宜用人耕之法，以二人曳一犁。凡授田，五人爲甲，別給蔬地五畝，爲廬舍場圃”。**⑦**這樣促進了私人蔬圃的興旺發展。如宋代潁昌府，“城東北門內多蔬圃，俗呼‘香菜門’”。**⑦**又平江府，“河西悉爲民田，不復有湖。民獲於河

---

⑦　《資治通鑑》，卷二百〇四，〈唐紀二〉。

⑦　《舊唐書》，卷一百四十九，〈奚陟傳〉。

⑦　《唐大詔令集》，卷二，〈穆宗即位赦〉。

⑦　《全唐詩》，卷二百九十三，〈過盧秦卿舊居〉。

⑦　〔宋〕陸游《劍南詩稿》，卷二十一，〈山居每不食肉戲作〉。

⑦　〔唐〕長孫無忌：《唐律疏議》，卷七。

⑦　《宋史》，卷一百七十六，〈食貨上四〉。

⑦　〔宋〕莊綽：〈雞肋編〉，卷上。

之傍種菱，甚美"。"採蓮涇，在城內東北隅，運河之陽也，今可通舟。兩岸皆民居，亦有空曠爲蔬圃"。❼❾公私蔬圃的生產與經營，有利於商品經濟的發展，活躍了城市商業飲食市場。北宋開封，"京師地寒，冬月無蔬菜，上至官禁，下及民間，一時收藏，以充一冬食用。於是車載馬駝，充塞道路"。❽⓿據稱，南宋臨安東郊還設有規模龐大的蔬菜市場。數量多，品種齊，一年四季，供應不絕。凡芥菜、生菜、菠薐菜、萵苣、葱、韭、大蒜、紫茄、黃瓜、冬瓜、蘆筍、芋等，應有盡有。時諺云："東菜西水，南柴北米，杭之日用是也"。❽❶顯示了城市蔬菜食品的發展趨勢。

唐宋時期，蔬食烹飪精工細作，具有很高的食用水平。同一種類的蔬菜，可以根據不同的節令，選用原蔬的不同部位。如蕪菁，"四時仍有，春食苗，夏食心，……。秋食莖，冬食根，河朔尤多種，亦可以備饑歲，菜中之最有益者惟此耳"。❽❷這樣起碼可有四種不同的烹食方法。蔬食已從單純的素食發展成爲精心製作的美味佳餚。最明顯的是調味品在蔬食中的廣泛應用。宋陸游《食薺》詩謂："小著鹽醯助滋味，微加薑桂發精神"。還自詡"妙訣何曾肯授人"。從一些食餚的具體製作中，則更清楚地說明了這一點。如"三和菜"，"淡醋一分，酒一分，水一分，鹽、甘草調和其味得所。煎滾，下菜苗絲、桔皮絲各少許，白芷

---

❼❾　〔宋〕范成大：《吳郡志》，卷十八。

❽⓿　〔宋〕孟元老：《東京夢華錄》，卷九。

❽❶　〔宋〕吳自牧：《夢梁錄》，卷十八。

❽❷　〔宋〕唐愼微：《重修政和經史證類備用本草》。

一、二小片摻菜上，重湯頓，勿令開，至熟，食之"。又"鵪鶉茄"，"揀嫩茄切作細縷，沸湯焯過，控乾。用鹽、醬、花椒、蒔蘿、茴香、甘草、陳皮、杏仁、紅豆研細末，拌勻，曬乾，蒸過收之。用時以滾湯泡軟，蘸香油炸之"。❸從原料選取、調味、烹製都有一套複雜講究的製作過程。而且還進一步推陳出新，創製了一些別具風味的蔬食菜餚。或以素托葷，"假煎肉"，"瓠與麩薄切各和以料，煎麩以油浸煎，瓠以肉脂煎，加葱、椒油、酒共炒。瓠與麩不惟如肉，其味亦無辨者"。❹這是利用麥麩與蔬菜結合，巧製出葷菜特徵的蔬食佳餚。或葷素結合，使蔬食更富滋味。詩云："冬日鄉閭集，珍烹得遍嘗。蟹供牢九美，魚煮殘膾香，雞跖宜菰白，豚肩雜韭黃。一歡君勿惜，豐歉歲何常"。❺或有"醬瓜、生薑、葱白、淡筍或菱白、蝦米、雞胸肉各等分，切作長條絲兒，香油炒過，供之"。❻葷素結合的菜餚，不僅能夠改善饌餚的味道，而且有益於身體健康。肉類原料多呈酸性，蔬菜原料多呈鹼性，葷素結合有利於人體機能本身所必需的酸鹼平衡，而且動物蛋白和植物蛋白按一定比例配合食用，可以互為補充，達到氨基酸平衡，從而有效地提高蛋白質的利用率。唐宋時期，把"五菜為充"的作用發揮得淋漓盡致，表現了蔬食烹調的工藝與科學水平。

唐宋時期，進一步繼承中國傳統"五穀為養，五果為助，五

---

❸ 〔宋〕浦江吳氏：《中饋錄》。

❹ 〔宋〕林洪：《山家清供》，卷下。

❺ 〔宋〕陸游：《劍南詩稿》，卷六十，〈與村鄰為飲〉。

❻ 〔宋〕浦江吳氏：《中饋錄》。

畜爲益，五菜爲充" 的飲食結構，並不斷在飲食實踐中加以變革、充實，進一步豐富和發展了中國古代飲食的內容和特色。(1)主食從粟麥轉爲稻麥爲主，顯示了在經濟重心南移的條件下，人們更加偏重於選擇高產的糧食品種爲主糧主食。(2)果食的食用，已從一般食用，發展擴大至入饌爲餡，豐富了古代飲食菜餚的種類與風味。(3)肉食，除繼續發展畜牧業，更隨經濟重心的南移，人口趨集中於東南沿海，海河水產品的利用愈加普遍，進一步擴大了肉源，使長期以來肉類尚嫌不足的狀況得到一定程度的緩和改觀。(4)蔬食，不僅蔬菜品種數量不斷增加，而且在烹飪製作中，開創了以素托葷、葷素結合的新型風味菜式，更爲中國古代素菜蔬食的發展增色不少。總之，唐宋時期飲食結構的發展變化趨向於更加合理、充實和完善，已建立起中國飲食結構的基本模式。

第二章 唐宋食餚的美食特色

在中華民族的文化寶庫中,烹飪技藝可謂是一顆燦爛的明珠。古代中國在烹飪製作方面具有很高的造詣,各式多樣的精美食餚構成了飲食文化的重要組成部份,馳名四海,中外稱譽。在中國古代的烹飪製作史上,唐宋時代是一個重要的歷史時期。社會經濟的發展促進了飲食文化水平的提高,其中一個主要的方面和內容,就是飲餚的烹飪製作具有相當高的水平。其發展的內容已經不再是簡單地滿足一般充饑食用的生理需要,而主要表現了賦予食餚以藝術加工形式,同樣能夠在一定程度上滿足人們的心理享受之需。也就是從單一的物質生活需要,進一步發展成為滿足人類物質與精神相結合的多重需要。形成了唐宋時期食品菜餚製作的一系列特色,為中國古代食餚烹製特點的成熟和完善開創了新紀元。

應該明確的是,既言唐宋時期的飲食生活已經從一般生理享受發展為與心理享受相結合的高級階段,那麼食餚製作的特色,就不能不從人們對飲食生活的感覺、知覺中去尋求。飲食生活中的感知覺,是進食者對飲食過程中客觀事物的反映,它的源泉是飲食活動。人們在這一活動的過程中會對食品菜餚有所鑒賞,有所認識。沒有這種認識,就不可能形成記憶、思維、興趣和情感等,就不可能產生感覺和知覺,也就更談不上飲食生活中生理與心理的共同享受。而飲食活動中的感覺和知覺則是以食餚的色、

香、味、形、名等方面的內容爲標準，爲表現，所以對唐宋時期
食品菜餚的色、香、味、形、名的內容作一總結與探討，或許可
從更多方面，領略唐宋時代乃至於中國古代烹飪製作技藝的藝術
風格與特色。

一　食餚之色

　　色彩是一種美感的來源，具有迷人的魅力。食品菜餚中色彩
的配置與運用，在烹飪製作技藝與美食，是必不可少的重要內容
之一。唐宋時期，在芸芸食餚之中，不少正是以其合理的色彩視
覺而給人留下深刻的美食印象。如宋人吳自牧《夢粱錄》所留下
的豐盛菜單，隨手可拾的就有諸如十色頭羹、三色肚絲羹、二色
水龍粉、生膾十色事件、三色水晶絲、下飯二色炙、十色蜜煎蛇
螺等先色奪人的美食餚。歸納之，當時食餚烹飪製作中的色彩調
配，已形成了一定的方式方法。

　　或是利用食物原料的天然色彩調製。即利用蔬、果、肉類等
食物原料本身所具有的天然色彩進行烹飪製作。隋唐名餚 “金齏
玉膾”，江南盛名。“收鱸魚三尺以下者作乾膾，浸漬訖，布裹
瀝水令盡，散置盤內。取香柔花葉，相間細切，和膾撥令調勻。
霜後鱸魚，肉白如雪，不腥，所謂金齏玉膾，東南之佳味也。紫
花碧葉，間以素膾，亦鮮潔可觀”。❶以鱸魚肉之潔白如雪，配
以色澤金黃的香柔花葉等，相互映襯，分外奪目誘人。唐人韋巨
源《食譜》中的 “賜緋含香粽子”，“密淋”，就是利用色紅的
蜂蜜點淋內含香料的粽子。紅色屬於暖色，可令人興奮，刺激食

---

❶　《太平廣記》，卷二百。

慾，增加宴飲筵席上的熱烈歡樂氣氛。宋陶穀《清異錄》中的
"縷子膾"，"廣陵法曹宋龜造縷子膾，其法用鯽魚肉、鯉魚子，
以碧筍或菊苗為胎骨"。碧筍，是指碧綠的竹筍；菊苗，為菊之
幼苗，用以作墊托菜餚的底子菜，其清綠之色，使人有明媚鮮活
之感。以不同顏色的原料配合烹製，而引起食饌的色感變化，說
明了唐宋時期的烹飪製作，十分注重講究食物原料本身的色彩搭
配與和諧。

　　或是利用食物色素調色。即在烹飪製作過程中外加若干可食
用的有色物質，為食品菜餚增色。唐宋時期所使用的食物色素的
主要原料及成分尚不得而知，但當時已經較為普遍地使用多種食
物色素。唐崔侍中安潛"鎮西川多年，唯多蔬食。宴諸司以麵及
蒟蒻之類染作顏色，用象豚肩、羊臑、膾炙之屬，皆逼真也"。❷
又 "石榴粉"，"藕截細塊，砂器內擦稍圓，用梅水同臙脂染色，
調菉豆粉拌之入雞汁煮，宛如石榴子狀"。❸宋人吳自牧《夢粱
錄》中的一道菜餚 "沙鱔乳虀淘"，在元人的著作中載有其烹製
之法。"切細麵，煮熟過水，用麵筋同豆粉灑顏色水搜和，擀餅
薄切，焯熟，如鱔魚色，加乳合虀汁燒而供"。❹也是以外加食
物色素，以求取食饌的外在美色。另外當時的食物色素應用，色
彩種類也不僅限於一種。宋時，"天長縣炒米為粉，和以為團，
有大數升者，以臙脂染成花草之狀，謂之'炒團'"。❺食饌既

---

❷　〔宋〕孫光憲：《北夢瑣言》，卷三。

❸　〔宋〕林洪：《山家清供》，卷下。

❹　〔元〕無名氏：《居家必用事類全集‧庚集》。

❺　〔宋〕莊綽：《雞肋編》，卷上。

染成 "花草之狀" ，其色彩自然如花草一樣有別，也體現了食物色素應用的發展水平。食物色素應用假如適量無害，也不失爲一種可行的烹飪調色之法。

或是利用食物在加熱過程中的顏色變化來調製色彩。這在很大程度上是決定於廚師的烹飪技巧與手法。如 "筍出鮮嫩者，以料物和薄麵拖油煎爆，如黃金色，甘脆可愛"。又 "煮芋有數法，獨酥黃獨世罕得之。熟芋截片研榧子杏仁和醬拖麵煎之，且白侈爲甚"。❻這種調色手法較爲自然，一般多以煎、炸、炙等烹製形式進行。

唐宋時期，食饌的色彩調製，儘管方法各異，目的都是通過合理的配料與加色造色，使盤中之饌餚色彩調和，美觀悅目，以進一步引起飲食者的食慾，提高其飲食生活意趣。

二、 食餚之香

人是具有嗅覺的，能夠辨別外世界物體的氣味。食品菜餚之香氣，一般是由它們所含的醇、酚、醛、酮、酸、酯等類化合物揮發後，被人們吸進鼻腔刺激嗅覺神經所反映出的感覺。進食之前感受到食品菜餚之香氣，對於引起食趣、振奮食慾十分重要。食物原料本身雖含有極其豐富的營養成分,但含有香氣的卻很少，大都份需要烹調才能表現出來。同時在不少動、植物原料中常含有腥、膻、臊、臭及其它不良氣味，也必需經烹調後方能除掉。所以要掌握一定的烹飪技巧，以烹製出香氣四溢的食餚。而唐宋時期，主要採取加熱與添加香料兩種方法，以形成食餚的香氣，

---

❻ 〔宋〕林洪：《山家清供》，卷下。

引人入饌。

　　加熱法，通過加熱促使食品菜餚中香氣外溢。因爲食物原料所含有的芳香物質，在低溫環境下不易釋出，往往要通過加熱的方法以破壞其內部組織，讓芳香物質儘量外溢釋放，增加食餚的香氣。烹調時，爲保持那些容易揮發氣化的物質避免流失，多採用煎、炸、炒等烹飪方式。如"過門香"，"薄治群物入沸油烹"，❼是以切薄的數種食物原料入油急炸，其品香氣四溢。特別是麵食甜品等，往往用料較爲單一，少下或不下香料，更常常以油煎炸，保證其甘香酥脆。宋代浦江吳氏《中饋錄》專門列有"甜吃"部份，共載有十五種麵食甜品的製作方法，除了湯團、粽子等吃法特殊，採用蒸、煮之法外，就有八種麵食甜品是採用油煎或油炸之法。如"油餕兒"，"麵搜劑，包餡，作餕兒，油煎熟"。可"酥兒印"，"用生麵摻豆粉同和，用手搓成條，如筷子頭大，切二分長，逐個用小梳掠印齒花，收起，用酥油，鍋內炸熟，漏杓撈起來。熱灑白沙糖細末，拌之"。或"糖薄脆法"，"白糖一斤四兩，清油一斤四兩，水二碗，白麵五斤，加酥油、椒、鹽、水少許。搜和成劑，擀薄，如酒盅口大，上用去皮芝麻撒勻，入爐燒熟，食之香脆"。加熱法，尤其是油煎油炸的高熱乾熱，既可除去食物原料的不良氣味，而且原料中所含澱粉、蛋白質及氨基酸等經高溫會形成甲基糖醛和黑蛋白等，可發生誘人的香氣，甘脆可口。難怪宋人有云"今之北人喜用麻油煎物，不問何物，皆用油煎"。❽

---

❼　〔唐〕韋巨源：《食譜》。

❽　〔宋〕沈括：《夢溪筆談》，卷二十四。

　　添加香料法。即在烹飪製作過程中添加香料以增加食餚香氣。香料佐料等，大部含有醇、醛、脂等揮發性芳香物質，如大茴香所含有的大茴香醛，葱及大蒜含有的二丙烯及二硫二丙烯等。其它諸如醬、油、醋、酒、生薑、薄荷等都含有一定的香料成份。在食餚的烹飪製作中，適當加入這些芳香型原料，有助於食餚中香氣的形成。

　　唐宋時期，飲食烹飪香料添加應用十分廣泛，頗具實效，積累了不少具體的方法和經驗。如除腥去膻，"羊肉放在鍋內，用胡桃二三個帶殼煮，三四滾，去胡桃，再放三四個，竟煮熟，然後開鍋，毫無膻氣"。❾或"煮筍入薄荷，少加鹽或以灰，則不蔾"。"洗魚滴生油一二點，則無涎。煮魚下末香，不腥"。❿或增加食餚香氣。"葱醋雞"，"入籠"。⓫這是以葱、醋香料拌加而入籠蒸製的全雞，香料加熱蒸發後，和同雞料之原香，成爲四溢可人的複合餚香。宋人吳自牧《夢粱錄》中更以香料或酒冠以食餚之名。如"奈香新法雞"，"奈香合蟹"，故人稱草果爲"奈"，這些菜餚應說是帶有類似草果的香氣，顯然是使用了某些特殊的草果型香料，在菜林中也可謂獨樹一幟。而以酒入菜名就更爲普遍。出現了諸如酒蒸羊、酒蒸石首、酒燒香螺、酒潑蟹等十幾種菜餚。這類菜式，酒已成爲主料之一，以除腥去膻，增添脂香。更特別的是，當時還採用了某些芳香花果進行配菜，以其所含有豐富的揮發性芳香油，使食品菜餚具有濃郁的花果自

---

❾　〔宋〕蘇軾：《格物粗談》，卷下。

❿　〔宋〕浦江吳氏：《中饋錄》。

⓫　〔唐〕韋巨源：《食譜》。

然香氣，別具一格。宋代林洪《山家清供》中的"牡丹生菜"。"憲聖喜清儉，每令後苑進生菜，必採牡丹瓣和之。……。每至治生菜，必於梅下取落花以雜之，其香未猶可知也。"

唐宋時期，烹飪製作中十分注重食饌之香，成爲當時組成食品菜饌完美屬性的又一重要方面，其通過人的嗅覺，給人以香感食飲，進一步感受到美食的意境。

三　食饌之味

烹飪最終目的還是爲了食，而食則是以味爲首。味是食品菜饌中最重要的性能，不論其色形如何欠佳，但決不能寡而無味；否則意味著烹飪的徹底失敗。所以飲食烹飪，味是決定性的因素。食味雖然與營養價値沒有直接關係，但美味食饌可以增强食慾，促進消化吸收，以改善人體的營養狀況。但在不同地區、不同節令和不同生活習慣的人，食味的標準並不一致。我國就有南甜北鹹、東酸西辣的飲食習俗。宋代，"太宗曾問蘇易簡曰：'食品稱珍，何者爲最？'對曰：'食無定味，適口者珍。'" **⑫**說明了食味的要求主要在於合味適味。唐宋時期，食味烹飪的主要表現與成就並不是在於如何烹製出統一的佳味食饌，而在於能以多種烹調方法，多種食物原料的配合製作，運用品種諸多的調味佐料，製備了各式各樣的美味食饌。儘管味道不一，各有所好，然飲食生活中的食饌無不體現了富有食味的特點。

在飲食烹飪製作中，烹調的方式方法越多，食品菜饌的味道就越豐富多彩。唐代韋巨源的《食譜》中所列的菜單，儘管沒有

---

⑫　〔宋〕林洪：《山家清供》，卷上。

留下較詳盡的製作方法，然僅從食餚其名觀之，就有諸如炸、蒸、炙、脯、煮、烤、羹、煎、煨、釀等多種炮製方法，有利於烹製多種美味食餚。而據宋人周密《武林舊事》的記載，紹興二十一年十月，高宗幸清河郡王弟，清河郡王張俊盛宴接駕，其供進筵席中，海珍陸餚、蜜餞點心，目不暇接。其烹調方法計有鮓、膾、炸、釀、炒、炙、熬、煨、煮、脯等，使宴席食餚味道多姿多彩。既有以甜味爲主的各式雕花蜜煎，又有以鹹酸爲主的"酒醋肉"，或有以酸辣爲主的"薑醋生螺"，還有和合衆味的"大碗百味羹"等，表現了唐宋時期飲食生活中美味的追求以及高超的烹飪技巧。

除了在烹飪的方法上以變化多端求取百味，多種食物原料的混合配製及烹飪製作的時間長短，對於食味特色與風格的形成也很重要。唐代嶺南著名的"不乃羹"，"羹以羊、鹿、雞、豬肉和骨同一釜煮之，令極肥濃，漉去肉，進之葱、薑，調以五味，貯以盆器，置之盤中"。❸以多種上等肉類原料一齊熬製成羹，其味道之鮮美可想可知。又"渾羊歿忽"，"每有設，據人數取鵝，燖去毛，及去五臟，釀以肉及糯米飯，五味調和。先取羊一口，亦燖剝，去腸胃，置鵝於羊中，縫合炙之，羊肉若熟，便堪去卻羊，取鵝渾食之"。❹這一菜式是隋唐宮廷的大型名餚，體現了和味之風格。更有甚者謂《十遂羹》。"石耳、石髮、石綟、海紫菜、鹿角、臘菜，天花蕈、鯊魚、海鰾白，石決明，蝦魁臘，右用雞、羊、鶉汁及決明，蝦、蕈浸漬，自然水澄清，與三汁相和，鹽酢莊嚴，多汁爲良"。幾集山珍海味於一身，其味美更非

---

❸ 〔唐〕劉恂：《嶺表錄異》，卷上。

❹ 《太平廣記》，卷二百三十四。

可比。而且 "十品不足，忌入別味，恐倫雜則風韻去矣"。⓯其食膾美味之追求，可謂山窮水盡矣。當然這些食膾或許只是爲上層統治階級所獨享，非民間常見之食也。而民間的飲食生活，儘管食法簡單，食料單一，然並不影響人們對美味的追求。宋代，呂彥能 "自天台城中入山，過村落一寺，其至，僧留飲。設粥一器，糝如雪色，味絕今，不知爲何品。僧曰：'恰兒釜旁繫線，蓋爲此耳？'其法用鱖魚大者四枚，破除淨，盡去首尾及皮，以線繫骨端，垂於釜中，然後下水與米，凡鹽、酒、薑、椒之屬，悉有常數，及其糜爛，則聚四線爲一。併製之，魚骨盡脫，肉皆潰於粥矣，所以美者如是"。⓰以長期的熬製方法使食物原料美味盡出，可以彌補食料單一之不足，因爲能使食物原料中的蛋白質可以充分分解成氨基酸釋出，從而令普通的食膾也能夠成爲美味濃郁的佳品。

另外，當時還廣泛利用各種調味品調製食膾的味道，如油、鹽、醬、醋、酒等。有謂："醬，八珍主人也；醋，食總管也。反是爲，惡醬爲廚司大耗，惡醋爲廚司小耗。"⓱反映了調味品在烹飪製作中的重要性。利用調味品，可使食品菜膾更加五味調和，形成了豐富全面的複合味。這在肉類食品的烹調中最爲突出。如 "蟹生法"，"再生蟹剁碎，以麻油先熬熟，冷，並草果、茴香、砂仁、花椒末、水薑、胡椒俱爲末，再加葱、鹽、醋共十味，入蟹肉拌勻，即時可食"。又 "肉生法"，"用精肉切細薄片子，

⓯　〔宋〕陶穀：《清異錄》。

⓰　〔宋〕洪邁：《夷堅志·夷堅丁志》，卷三。

⓱　〔宋〕陶穀：《清異錄》。

醬油洗淨，入火燒紅鍋，爆炒，去血水，微白，即好。取出，切成絲，再加醬瓜、糟蘿蔔、大蒜、砂仁、草果、花椒、桔絲、香油伴炒。肉絲臨食加醋和勻，食之甚美"。**⑱**可見當時的烹飪調味，大體上分爲三步進行。首先是基本調味，以油品熬製或浸漬食物原料，以保鮮潤色；然後是輔助調味，利用茴香、花椒、薑末、胡椒等，除腥去膻，增香助味；最後是定型調味，加入鹽、醋、蔥、酒等。使食品菜餚達到五味調和的美食境界，表現了唐宋時期食餚烹飪調味的工藝水平。

四　食餚之形

食品菜餚之所謂形，一方面是指食品菜餚的飲食造形藝術，另一方面是指原料經過烹飪後的形狀，所以食餚之形實際上是生活與藝術的結合，也是人們飲食生活水平提高的形象標誌。食餚形狀之美，不僅能使人悅目怡心，增加食慾，而且使人產生美的聯想，陶醉於美的享受。食餚製作之形，對於飲食烹飪技藝的發展提高，進一步豐富飲食的花式品種起了重要的推動作用。

唐宋時期，食餚的形狀製作構成，可以劃分爲若干類型。

其一，是以食物原料的自然形狀構成。如整雞、整鴨、魚蝦等，無不具有令人喜愛的形狀。利用食物原料的自然形狀構成的食餚，較能體現原料本身的面貌特色，具有質樸自然之感。如"紅羊枝杖"，"蹄上栽一羊，得四事"。**⑲**實際上是烤全羊，以四隻羊蹄支撐一羊體。又"渾羊設最爲珍食，置鵝於羊中，內

---

⑱　〔宋〕浦江吳氏：《中饋錄》。

⑲　〔唐〕韋巨源：《食譜》。

實粳肉"。❷都是以整羊整鵝作爲食餚的基本形狀,沒有多少人爲的雕琢,顯得樸素大方。

其二,是將食物原料解體切割構成。即將食物原料解體分擋之後,根據需要加工成塊、片、條、絲、丁、粒、末等一般形狀與花式形狀,以此爲單位組成菜餚的整體佈局。唐代韋巨源《食譜》中就有不少刀工菜式。"羊皮花絲,長及尺"。據說是把羊肚切成細長之絲。"八仙盤,剔鵝作八付"。將鵝剔骨後切作八份,再裝盤上席。"蕃體間縷寶相干,盤七升"。是以寶相花炮製後切絲,與切好的冷肝間層盛裝的冷盤。宋代食餚中也有不少以刀工細作而成的葷素菜品。如"算條巴子","豬肉精肥",各另切作三寸長,各如算子樣,以砂糖、花椒末、宿砂末調和得所,拌勻、曬乾、蒸熟"。❷銀絲羹","用熟筍細絲亦和以粉煮"。❷這一類型的食餚主要是以刀工技巧的變化,構成美觀細緻的菜品形狀。

其三,則是通過對食物原料進行裝配雕刻而成。這類食餚是屬於與造形雕刻結合具有藝術特色的象形菜。其形狀或爲人物,或爲花果,或爲動物等。如唐代"寒食則有假花雞球,縷雞子"。❷一九六六年至一九七二年,新疆阿斯塔那地區的唐代墓葬中曾出土了質爲白麵的花式點心,有梅花型與菊花型,梅花型點心形體爲五片花瓣,中有花蕊,形象栩栩如生。❷唐代韋巨源《食譜》

---

❷　〔宋〕虞悰:《食珍錄》。

❷　〔宋〕浦江吳氏:《中饋錄》。

❷　〔宋〕林洪:《山家清供》,卷下。

❷　〔宋〕龐元英:《文昌雜錄》,卷三。

❷　可參閱:《中國烹飪》,一九八七年十一期,封面彩圖。

中的"素燕音聲部"，"面蒸，象蓬萊仙人，凡七十事"。這原
是包子一類的食品，卻能塑製成七十件貌似天仙的歌女羣，組成
一個樂舞場面，表現了高度的藝術特色。最具代表性的是唐代著
名食雕造形作品"輞川小樣"，史稱"比丘尼梵正，庖製精巧。
用鮓、鱠膾、脯、鹽、醬、瓜蔬，黃赤雜色，鬥成景物，若坐及
二十人，則人裝一景，合成輞川圖小樣"。❷❺ "輞川圖"原是唐
代著名詩人王維的一幅名畫。這裏把繪畫藝術與烹飪技巧結合起
來，把圖中景物再現於食餚之中，把古代食雕造形藝術推向一個
新的高度。更爲難能可貴的是，這一精緻的工藝菜式還具有食用
價值。據明人李日華《紫桃軒雜綴》載，"唐有靜尼，出奇思，
以盤簇成山水，每器佔《輞川圖》中一景，人多愛玩，不忍食"。
宋代食餚的造形雕刻也頗具水平，而且更加普及，成爲食譜菜單
中的主要菜別類型。南宋臨安王公貴族的宴席上就設有不少蜜煎
食雕之品。如"雕花梅毬兒、紅消花，雕花筍、蜜冬瓜魚兒、雕
花紅團花、木瓜大段兒、雕花金橘、青梅荷葉兒、雕花薑，蜜筍
花兒、雕花根子、木瓜方花兒"。❷❻原材料包括有筍、冬瓜、金
橘、青梅、薑、木瓜等蔬果，雕刻的花樣則有花球、花果、魚、
荷葉等。有的甚至以形取菜名。南宋臨安名菜"兩熟魚"。據後
人記載，是以"熟山藥兩斤，乳團一個，各研爛，陳皮三斤、生
薑二兩，各剁碎，薑末半錢，鹽少許，豆粉半斤調糊，一處拌，
再加乾豆粉調稠作餡。每粉皮一個，粉絲抹濕，入餡折掩，捏魚

❷❺ 〔宋〕陶穀：《清異錄》。
❷❻ 〔宋〕周密：《武林舊事》，卷九。

樣，油炸熟，再入蘑菇汁內煮"。㉗實際上是一種以魚爲造形的
素食菜餚。

　　唐宋時期的工藝造形菜式，構思新穎，形象優美，既可觀賞，
更可食用，把食用與藝術價值有機結合，對後世中國象形菜的發
展方向具有重要的影響。

五　食餚之名

　　食品菜餚之名，表面看來似乎是有很大的隨意性。而飲食文
化水平的提高，饌餚之名，往往會令飲食者先入爲主，引起對某
種食餚有更大的興趣或留下更深刻的印象。特別是一些祝福呈祥
的佳名，更是迎合了人們良好的願望和審美的情趣，使日常飲食
生活表現了高尚的精神面貌。唐宋時期，在食餚的命名方面也呈
現了新的特色，構成了食品菜餚的又一重要內容。其饌餚之名，
儘管紛繁複雜，然也自覺不自覺地顯示了其編排的原則與規律，
主要可分爲寫實與寓意兩類命名法。

　　寫實類型包括內容相當廣泛。或以食餚的色、香、味、形命
名之，如"曼陀樣夾餅"，形狀類似曼陀羅果的烤餅。"丁子香
淋膾"，"臘別"，是指一種上淋丁香油腌製的魚膾或肉膾。"貴
妃紅"，"加味紅酥"，一種色紅味濃的酥餅。㉘或以烹飪方法
名之，"湯浴繡丸"，"肉糜治，隱卵花"，㉙是以湯煨製的如
繡球的蛋肉丸子。"糖醋茄"，"取新嫩茄切三角塊，沸湯漉過，
布包榨乾，鹽淹一宿，曬乾，用薑絲，紫蘇拌勻，煎滾糖醋潑浸，

㉗　〔元〕無名氏：《居家必用事類全集•庚集》。

㉘㉙〔唐〕韋巨源：《食譜》。

收入瓷器"。⑩此類以食餚色、香、味、形及烹飪方法命名之饌者，大都名副其實，一目了然。此外，還有以自然現象命名，把自然天地風雲、時令季節入冠食餚之名。如"甜雪"，"蜜爁太例麵"，是一種加蜜烤製的麵食。"雪嬰兒"，"治蛙，豆英貼"。將蛙整治剝皮後黏裹精豆粉，下鍋煎貼而成。"箸頭春"，"炙活鵪子"，是指切成筷子頭大的烤或煎的鵪鶉菜餚。"見風消"，"油浴餅"，一種油炸的麵製薄餅。⑪或以數字為名，宋人吳自牧《夢粱錄》中所列菜單，就有百味羹、十色頭羹、五味杏酪鵝、八糙鵪子、三和花挑骨、三鮮麵、七寶拱子等，舉不勝舉。或以地名為命名，唐韋巨源《食譜》中的"吳興連帶鮓"，是以吳興地區鯉魚發酵製作的一種魚鮓。宋周密《武林舊事》中的"雲夢犯兒"，則是指長江中下游地區所盛興的肉類脯臘之品。或以人名為名，一般是取自飲食大家之名或以食餚創製者之名命名之。如"東坡豆腐"，"豆腐蔥油煎，用研榧子一二十枚和醬料同煮"。⑫而宋代盛傳的"東坡羹"、"東坡肉"，更是膾炙人口，名傳後世。這類寫實類型的食餚命名之法，較為如實地反映了食物原料形構、烹調方法與地方特色等內容。

寓意類型，主要是那些包括有比喻祝願之意的食餚之名。有的還賦以詩情畫意的美稱以投其所願，引人入饌。或有"御黃王母飯"，"徧縷印脂蓋飯面，裝雜味"。⑬是一種上澆油脂菜餚

---

⑩　〔宋〕浦江吳氏：《中饋錄》。

⑪　〔唐〕韋巨源：《食譜》。

⑫　〔宋〕林洪：《山家清供》，卷下。

⑬　〔唐〕韋巨源：《食譜》。

的黃米蒸飯。取名王母，即神話人物西王母，是民間長生不老的象徵。或有"清災餅"，"（唐）僖宗幸蜀，乏食，有官人出方中所包麵半升許，會村人獻油一提，偏用酒溲麵，煿餅以進，嬪嬙泣奏曰：'此消災餅，乞強進半枚。'"❸❹或有"神仙富貴餅"，"白朮用切片子，同石菖蒲煮，一沸，曝乾爲末，各四兩，乾山藥爲末三劥，白麵三劥，白蜜煉過三劥，和作餅，曝乾收，候客至，蒸食條切亦可羹"。❸❺或有"廣寒糕"，"採桂英去青蒂，灑以甘草水，和米舂粉，炊作糕大，比歲，士友咸作餅子相饋，取廣寒高甲之讖"。❸❻食饌的寓意命名，基本上都是一些趨吉避凶，長壽幸福的吉祥之名。其中不少饌饌之名表現了豐富的想像力，質樸清高，雅俗共賞，令人玩味無窮，進一步迎合了飲食者品賞與享受的心理。

由上可知，唐宋時期食品菜饌具有很高的烹飪製作水平。食饌已具備了色、香、味、形、名的豐富特色，構成了唐宋美食的重要標誌與內容。而且色、香、味、形、名各方面的內容是不可分割的，它們往往是密切相聯，面面俱到，渾然一體，成爲一個又一個的綜合美食單元。宋代著名"老饕"蘇東坡，以其筆下所描述的一些精製名饌，很清楚地表明了這一點。宋代名食"玉糝羹"，"以山芋作玉糝羹，色香味皆奇絕，天上酥陀則不可知，人們決無此味也"。詩謂："香似龍涎仍釅白，味如牛乳更全新。

---

❸❹　〔宋〕陶穀：《清異錄》。

❸❺　〔宋〕林洪：《山家清供》，卷上。

❸❻　〔宋〕林洪：《山家清供》，卷下。

莫將北海金虀鱠，輕比東坡玉糝羹。"❸又有"蒸豬肉"：其賦
詩謂："嘴長毛短淺含膔，久向山中食藥苗。蒸處已將蕉葉裹，
熟時更用杏漿淺。紅鮮雅稱金盤飣，軟熟眞堪玉筯挑。若把饘根
來比並，饘根只合喫藤條。;❸詩中所述蒸豬肉一法，乃先用蕉
葉裹蒸，然後用杏漿澆，既香軟可口，又紅鮮奪目，集色、香、
味、形於一身。連宋代流行的羊肉（饘根）菜餚，與之相比之下，
竟拙如食藤條，顯得索然無味。反映了唐宋時期的烹飪製作，在
繼承前人優秀傳統的基礎上，不斷發展，不斷創新。至此，烹飪
技藝已不僅僅是一門精湛的加工技術，而且成爲一項豐富多彩的
文化藝術。使飲食者能夠通過視覺、聽覺、嗅覺的互爲作用，在
物質與精神上進一步享受到更多的美饌佳餚。最終確立與構成了
中國古代烹飪技藝與烹飪美學的基本標準與原則。如今，其留下
寶貴的飲食文化財富，成爲中國食餚美食的重要內容，享譽五州
四海。

---

❸　〔宋〕蘇軾：《蘇東坡全集·續集》，卷二，〈過子以山芋作玉糝
　　羹〉。

❸　〔宋〕蘇軾：《東坡志林》，卷七。

第三章　唐宋飲食觀念
與飲食心理

　　飲食乃是人類社會生活之頭等大事。因此，人類對於飲食生活是十分重視和講究，在飲食活動的過程中，很自然對飲食生活形成一系列的思想觀念，產生一些心理活動。這就是所謂飲食觀念與飲食心理。

　　唐宋時期，是中國古代封建社會的繁榮時期，經濟發展，人口增加，特質生活愈加豐富，烹飪技藝日臻完善，特別是城鄉飲食市場漸趨興旺，更給當時的飲食文化生活帶來了新的活力與促進。社會存在決定社會意識，反映在飲食觀念和飲食心理上，也逐漸出現一些變化，呈現出一些新的特點。當然，中國古代國家是一個家族式的政治國家，等級性是古代國家的核心結構，飲食與政治地位緊密膠合。人們的政治、階級地位不同，在飲食文化結構與層次上所反映的等級也不同，在飲食文化結構與層次上所反映的等級也不同，在飲食觀念與飲食心理上自然存在差異。一般說來，中國古代封建社會的飲食文化結構，大體上可劃分爲五個層次。

　　⑴　果腹層，包括佔全部人口絕大多數的以農民爲主體的廣大底層民衆。

　　⑵　小康層，大體上是由城鎮中的一般市民、農村中的中小

地主及下等胥吏以及政治、經濟地位相應的其它民眾所構成。

(3) 富家層，大體上是由中等仕宦、富商和其它殷富之家所構成。

(4) 貴族層，主要是由貴冑達官及家資豐饒的累世望族所構成。

(5) 宮廷層，主要是由皇帝、後宮及皇親國戚所構成。

在五個等級層次的成員中，其飲食觀念與飲食心理影響最大、最具意義的應該產生於小康層、富家層及貴族層的等級範圍內，尤其是富家層。因為果腹層中的廣大下層民眾，在飲食生活上聊以果腹、免受饑寒是他們最現實的願望。很難讓他們對飲食生活產生更多的追求。而宮廷層，封建時代絕大多數帝王生活，基本內容便是“食”與“色”無限制、無止境地追求豪奢華貴、新奇珍異的膳食，以極縱其口腹之慾為特徵，他們的飲食觀念與飲食心理，在內涵上實質是較為空洞，不足取也。而富家層的飲食觀念與飲食心理是最有代表性，對當時與後人的影響也最為深遠。唐宋時期，不少以“食客”名世的人物以及許多美食膳養之家大多產生或附屬於富家層等級。他們當中一些飲食名家，在飲食生活的實踐中，常常在理論上對飲食加以總結和發揮，給後人留下了許多不朽的飲食之論。當時城鄉的主要商業飲食市場，基本上是以富家層和小康層及貴族層等級的部份成員為主要對象。他們在飲食生活的追求中所產生的觀念與心理，也最為豐富與充實。所以言唐宋時期的飲食觀念與飲食心理，當以富家層為主綱，兼及小康層與貴族層。事實上也難於求全，只能擇其要點，大略言之，以一個側面反映唐宋時期飲食文化的發展水平。

一、 飲食觀念的基本特徵

　　唐宋時期，物質生活的豐富與飲食文化水平的提高，促進了飲食觀念的更新與發展，其內容更爲具體，更具有實際意義，表現了唐宋時期飲食生活中一些新的追求與風尚。

(1) 講究火候

　　人類飲食生活，大致有兩種狀態，一種是自然飲食狀態，另一種是調製飲食狀態。人類的飲食史，經歷了一個從自然飲食到調製飲食的歷史發展過程。而火的發現和利用，使人類由生食轉向熟食，標誌著人類進入到調製飲食的階段。此後，人類飲食烹飪的發展，實際上就是用火水平的發展。火候自始至終成爲烹調藝術理論問題中的關鍵所在。對火候的認識和掌握，便直接反映了飲食文化水平的發展程度。

　　唐宋時期，對火候的重要性已有較爲充分的認識，講究火候，是當時最重要的飲食觀念之一。主要有兩方面的內容。

　　首先是火候與調味的辯證關係。唐人有謂：“物無不堪喫，唯在火候，善均五味”。❶就是說各種各樣的食物原料，只要火候掌握適度，都可以在炊器的幫助下，調製出百式千樣的美味佳餚。泡茶品茶也是如此。唐人蘇廙《十六湯品》云：“火績已譜，水性乃盡，蓋一而不偏雜者也，天得一而以清，湯得一可建湯勛”。只要火候得當，就能與被炊物平衡一致，泡煮出合味茶湯。正所

------

❶ 〔唐〕段成式：《酉陽雜俎》，前集，卷七。

謂“活水還需活火烹”。❷所以掌握好火候，就把握了烹飪的基本而又關鍵的技巧。“誰能視火候，小灶當自養”。❸如何掌握火候呢？最起碼要認識慢火與旺火，弱火與強火之別。唐詩有云：“山謠縱高下，火候還文武”。❹有了“文武”之火的認識與區別，對於掌握火候至少有了一個基本的準則。因爲在飲食烹飪中，既不能火候不到，“水欲新而釜欲潔，火惡陳而薪惡勞”。這樣是不可能烹調出美味佳餚。也不能過火，反之“九蒸曝而日燥”，❺也會破壞食餚之美味。只有火候適中，便能爲烹飪之盡善打下重要基礎。限於歷史條件，當時掌握火候的程度還不可能作出更爲科學的識別。但這並不影響人們對講究火候之飲食理論觀的認識。這一認識既來源於實踐，也進一步還原於實踐應用中。唐人馮贄《雲仙雜記》曾載“黃昇日烹鹿肉三斤，自晨煮至日影下門西，則喜曰：‘火候足矣’。黃氏之所爲固然不可取，然對火候與調味關係之明確也可略見一斑。蘇東坡被貶黃州後，曾自創製了一種燒豬肉，這就是當時頗負盛名的“東坡肉”。在其《食豬肉》的詩中謂：“慢著火，少著水，火候足時它自美”。中心要旨無非還是掌握火候。

另外，火候是烹飪製作的中心環節，而燃料則是形成火候的主要條件。所以燃料的優劣合適，對於掌握火候乃是必不可少的因素。《隋書•王劭傳》曾載“劭上表曰：‘今溫酒及炙肉用石

---

❷ 〔宋〕蘇軾：《蘇東坡全集•後集》，卷七，〈汲江煎茶〉。

❸ 〔宋〕蘇軾：《蘇東坡全集•後集》，卷五，〈雨後行菜〉。

❹ 《全唐詩》，卷六百二十一，陸龜蒙：〈茶焙〉。

❺ 〔宋〕蘇軾：《蘇東坡全集•續集》，卷三，〈老饕賦〉。

炭、柴火、竹火、草火、麻菱火，氣味不同。如此推之，新火、舊火理應有異"，已認識到燃料選擇的不同，對烹飪製作的結果有著重要的影響。如煮菜，"火忌停，薪忌薰"。❻又"燒肉忌桑火"。❼把燃料，火候與烹飪有機結合。爲了保證飲食烹飪的順利進行，已經進一步出現了對燃料的預爲處理。"伏中收松柴斫碎，以黃泥水中浸，皮脫曬乾，冬月燒之無烟，竹青亦可"。❽爲烹飪製作的熱處理或熱傳導創造了良好的條件與火候環境，更加有助於火候的控制與掌握。

(2)　本味爲上

所謂本味，首見於《呂氏春秋•本味篇》。應是指食物原料經烹飪製作後，仍然能最大限度地保持其原來特有的自然風味。唐宋時期，隨著烹飪技術的發展，食品菜餚的製作方法以及調味配料五花八門，風味特色各異。然本味爲上，仍是當時不少有識飲食家們所提倡的風尚。金元四大家之一的朱丹溪在他的《茹淡論》中曾指出："味有出於天賦者，有成於人爲者。天之所賦者，穀蔬菜果，自然冲和之味，有食之保陰之功。此《內經》所謂味也。人之所爲者，皆烹飪調和的偏頗之味，有致疾伐命之毒，此吾子所疑之味也"。其所言之固然有偏執之處，而"自然冲和之味"，實質上正是提倡飲食之本味。唐代，"段成式馳獵，飢甚，叩村家，主人老姥出瓈臛，五味不具。成式食之，有踰五鼎。曰：

---

❻　〔唐〕蘇廙：《十六湯品》。

❼　〔宋〕浦江吳氏：《中饋錄》。

❽　〔宋〕蘇軾：《物類相感誌》。

'老姥初不加意，而珍美如此'。常令庖人具此品，因呼'無心炙'"。❾五味，一般是指甜、酸、苦、辣、鹹。不具五味，無非是能較大程度地保持豬肉羹的自然之味，卻被譽爲"踰五鼎"。宋人蘇東坡也宣揚"煮蔓菁、蘆菔、苦薺而食之，其法不用醯醬，而有自然之味"。❿甚至品茶也講求自然之味，時謂："茶有眞香，而入貢者微以龍腦和膏，欲助其香。建安民間試茶，皆不入香，恐奪其眞。若烹點之際，又雜珍果香草，其奪益甚，正當不用"。⓫表明了唐宋時期追求本味與本味爲上的飲食觀念之普遍盛行。

本味爲上，主要是受古代養生之道影響。老子《道德經》曾云："五味令人口爽"。反對飲食味多厚重，恐亂口傷胃。宋人陳直《養老奉親書·保養》也謂："爽口物多，終作疾"。所以時人亦有提倡"飲食不貴異味"。⓬特別是一些山林隱士，更以此爲飲食之準則。宋代林洪《山家清供》就記載了不少重在追求本味的食餚。如其所載"黃金雞"，"其法燖雞洗淨，用麻油、鹽水煮，入葱椒，候熟擘釘以元汁別供。或薦以酒，則白酒初熟黃雞正肥之樂得矣。有如新法川炒等非山家不屑爲，恐非眞味也"。其烹製之法著重體現了食品的原味清眞。同書還載有不少類似的烹製方法與飲食風格。提倡飲食本味爲上，並非是完全放棄調味。只是人們在飲食生活實踐中，越來越認識到，不少食物原料本身

---

❾ 〔宋〕陶穀：《清異錄》。

❿ 〔宋〕蘇軾：《蘇東坡全集·續集》，卷三，〈菜羹賦〉。

⓫ 〔宋〕蔡襄：《茶錄》。

⓬ 《續資治通鑑長編》，卷四百八十。

就已經具有其鮮美獨特之味，如果濫泛調味，反而會影響食物的自然品味。適當的食物原料搭配與適量的調味品調配，非但不會影響飲食本味的追求，而且還能五味調和，進一步豐富和完善本味的追求與享受。即使類似《山家清供》一類的飲食要籍，其原料之豐，其配料調味品之多，也並沒有因提倡本味爲上而有所遜色。如書中所載的“撥霞供”，以兔肉爲原料，儘管烹製簡單，原汁原味，也“用薄批酒醬、椒料沃之。以風爐安座上，用水少半銚，候湯響一杯後，各分以箸，令自夾入湯擺熟啖之。乃隨宜各以汁供”。可見適當的調配料並不影響本味之追求，關鍵在於適可而止，適料而配，適味而合。

(3) 追求蔬食

蔬食，是中國素菜的重要組成部份，有著悠久的歷史。唐宋時期，儘管由於北人南遷以及社會經濟的發展，北方遊牧民族吃肉之風南漸，但是在飲食生活中有重要影響的封建士大夫階層中，追求蔬食仍不失爲當時重要的飲食風尚之一。宋代已正式出現了一些專門以記載蔬食爲主的飲食專譜，如贊寧的《筍譜》，陳達叟的《本心齋蔬食譜》，林洪的《山家清供》等。集中地反映了唐宋時期蔬食製作的豐碩成果。在這一發展的過程中，中層的封建士大夫以及城鎮商業市場起著決定主要的作用。《本心齋蔬食譜》所記載的二十種蔬食與《山家清供》所記載的一百多種蔬食菜點，多爲封建士大夫或城鎮商業飲食市肆中創始與形成的。唐詩有謂：“時蔬利於鬻，纔青摘已無”。❸又謂：“不種千株橘，

---

❸　《全唐詩》，卷一百四十六，楊顏：〈田家〉。

唯資五色瓜”。⓮雖然乃是從小商品生產的角度言之，而生產的發展與消費的增長密切相關，或許反映了當時蔬食之盛。一些封建士大夫更是留下了不少絕句，對蔬食大加讚頌。如羹菜，“先聖齊如，菜羹瓜祭，移以奉賓，乃敬之至”。又枸杞，“丹實纍纍，綠苗菁菁，餌之羹之，心開目明”。⓯把蔬食視爲高級禮儀奉賓與自我陶醉的享受之品。宋人陸游自謂：“平生飯蔬食”。⓰認爲“青松綠韭古嘉蔬，蒓絲菰白名三吳，台心短黃奉天厨，熊蹯駝峰美不如”。⓱宋代“老饕”蘇東坡也自命“願隨蔬果得自用，勿使山林空老死”。⓲表達了他們對蔬食奉若名餚之偏愛之情，其飲食生活中之傾向顯而易見。

　　唐宋時期蔬食追求之風尚決非偶然。首先，當時佛、道盛行，提倡清靜無爲，主張清心寡慾，與世無爭，不要任意宰殺有生命的動物。對那些宦途坎坷的封建中等仕宦以及廣大城鎮市民階層影響甚大。如“唐崔侍中安潛，崇奉釋氏，鮮茹葷血……。唯多蔬食”。⓳或有“北俗遇月三、七日不食酒肉，蓋重道教之故”。⓴宋蘇東坡也曾云：“予小不喜殺生，時未能斷也。近年始能不殺豬羊。然性嗜蟹蛤，故不免殺。自去年得罪下獄，始意不免。既而得脫，自此不復殺一物。有見蟹蛤者，皆放之江中。雖知蛤在

⓮　《全唐詩》，卷一百六十，孟浩然：〈南山下與老圃期種瓜〉。

⓯　〔宋〕陳達叟：《本心齋蔬食譜》。

⓰　〔宋〕陸游：《劍南詩稿》，卷二十九，〈蔬食〉。

⓱　〔宋〕陸游：《劍南詩稿》，卷五十九，〈菜羹〉。

⓲　〔宋〕蘇軾：《蘇東坡全集・前集》，卷十八，〈嶺筍〉。

⓳　〔宋〕孫光憲：《北夢瑣言》，卷三。

⓴　〔宋〕王林：《燕翼詒謀錄》。

江中無活理，然猶庶幾萬一。便使不活，亦愈於煎烹也。非有所求覷。但以親經患難，不異雞、鴨在庖厨。不復以口腹之故，使有生之類，受無量怖苦爾"。㉑反映了失勢封建仕宦把不殺生、去葷食作爲一種精神寄託，在類似宗教的苦行寡慾中尋求解脫與安慰。他們的飲食生活很自然更加偏重於素食與蔬食。因爲在古代中國一個以血緣家族制爲基礎的國家，飲食的目的不單是爲了生存，而且還是維繫表達羣體與個體感情的一種文化因子。其次，追求蔬食也是出於養生之道。有謂："醉釀飽鮮，昏人神志。若蔬吃菜羹，則腸胃清虛，無渣無穢，是可以養神也。"㉒陸游也認爲葷食乃養生之大忌。其詩謂："杯酌以助氣，七箸以充腹。沾醉與屬厭，其害等嗜欲。歠醨有餘歡，食淡百味足。養生所甚惡，旨酒及大肉。老翁雖無能，更事嗟已熟。勿嘆第三間，養汝山林福"。㉓所以陸氏對葷食從來都抱懷疑的態度。"肉食從來意自疑，齋盂以與病相宜"。㉔歷代本草學都對蔬食有較高的評價。唐宋時代正是我國古代本草學發展興盛的重要時期，對當時飲食生活的趨向不無影響。陸游就認爲吃素可以養病。其謂："菘芥煮羹甘勝蜜，稻粱炊飯滑如珠，上方香積寧過此，慚愧天公養病夫"。㉕這樣，追求蔬食很自然成爲封建士大夫飲食文化層中的重要觀念一。否則詩人筆下，是不可能留下如此動人的詩篇，

㉑　〔宋〕蘇軾：《東坡志林》，卷八。

㉒　〔宋〕羅大經：《鶴林玉露》，乙編，卷五。

㉓　〔宋〕陸游：《劍南詩稿》，卷八十一，〈對食有感〉。

㉔　〔宋〕陸游：《劍南詩稿》，卷八十四，〈蔬食〉。

㉕　〔宋〕陸游：《劍南詩稿》，卷八十四，〈病中遣懷〉。

有謂："米如玉粒喜新春，菜出烟畦旋摘供，但使胸中無愧怍，一餐美敵紫駝峰"。㉖

⑷　飲食有節

現代醫學理論認爲：脾胃是人體運行吸收營養的重要器官，食物則是營養供給的主要來源。所以在日常飲食生活中，人們需要調攝飲食，保養脾胃。如果饑飽失常，飲食不節，就會影響身體的功能的正常運行。飲食有節，不僅是飲食生活的重要觀念之一，而且也是營養養生學的一個重要內容。我國古代歷來重視養生之道，其中注重飲食起居，就是最基本的經驗之談。唐宋時期，把飲食生活與古代醫學的優秀傳統緊密結合，形成了具有養生營養特色的飲食觀念，主要內容可歸納爲兩個方面：

其一，在飲食生活的過程中一定要注意食量適中。唐代著名醫家孫思邈《千金要方·道林養性》曾指出："是以善養性者，先饑而食，先渴而飲，食欲數而少，不欲頓而多，則難消也"。常欲令如飽中饑，饑中飽耳，蓋飽則傷肺，饑則傷氣"。進一步從醫學的角度指出飲食有節的必要性與重要性。具體說來，就是"有饑即食，食勿令飽，此所謂調中也"。㉗或謂"治心養性，先防三過：美食則貪，惡食則嗔，終日食而不知食之所以來則痴。君子食無求飽，離此過也"。㉘所以食量適中，通俗言之乃是在飲食過程中防止過飽，避免加重腸胃負擔，影響消化吸收。怎樣

㉖　〔宋〕陸游：《劍南詩稿》，卷五十一，〈對食戲作〉。

㉗　〔唐〕司馬承禎：《天隱子養生書·齋戒》。

㉘　〔宋〕黃庭堅：《食時五觀》。

才能達到這樣的目的呢?宋人蘇東坡在《東坡志林》中自有一論。即 "已飢方食,未飽先止,散步逍遙,務令腹空"。主張控制食量,飯後散步。宋人鄭樵也提出 "飲食六要", "食品無務於混雜,其要在於專簡;食味無務於濃釅,其要在於淳和;食料無務於豐贏,其要在於從儉;食物無務於奇異,甚要在於守常;食製無務於膾炙生鮮,其要在於蒸烹如法;食用無務於厭飫壓口腹,其要在於饑飽處中"。㉙中心問題還是要食量適中。飲食有節的飲食觀念具有十分重要的意義,既為節儉,更重要的還是養生,所謂:"口腹之欲,何窮之有?每加節儉,亦是惜福延壽之道"。㉚

其二,在飲食生活中,除了食量適中,還必須注意飲食的食溫,切忌食物過冷過熱。同時還主張淡食泛食,反對鹹食偏食。宋人薄處厚所撰《保生要錄》對此作了系統的闡述。其謂:"人欲先饑而後食,先渴而後飲。不欲強食強飲,又不欲先進熱食而隨餐冷物,必冷熱相攻而為患。凡食,先熱食,次溫食,方可以餐冷食也。凡食太熱則傷胃,太冷則傷筋,雖熱不得灼唇,雖冷不可凍齒。凡食,溫勝冷,少勝多,熟勝生,淡勝塩"。"凡所好之物不可偏躭,躭則傷而生疾;所惡之味不可全棄,棄則臟氣不均"。這樣 "飲食合度,寒暑得宜,則諸疾不生,遐齡自永矣"。這一系列飲食有節的理論,是當時飲食養生經驗與實踐的總結,即使在今天仍具有很高的科學性和實用性。

綜上所述,唐宋時期飲食觀念是烹飪、飲食、養生三者有機

㉙　引自周光式:《中國烹飪史簡編》,科學普及出版社廣州分社,一九八四年。

㉚　〔宋〕羅大經:《鶴林玉露》,乙編卷五。

結合的產物。說明當時的飲食目的已經從單純的果腹階段昇華到
養生益壽的發展高度，標誌著古代飲食觀念已經進入到一個新的
歷史階段。

二　飲食心理中的美感

　　心理是人腦的機能，人們的一切心理現象都是人腦對客觀事
物的反映。這種反映是通過人的感覺來實現的。所以飲食心理主
要是通過外部感覺來實現對飲食生活的反映。古代飲食心理當然
不可能像現代飲食生活那樣表現得那麼全面與充份，但也並非無
迹可尋。因爲人類的飲食活動，除了充饑解渴，滿足生理上的需
求外，一旦有了更好的物質生活條件，就會更進一步希望通過美
食佳餚來尋求更多的飲食生活享受，以滿足一般生理方面的快感
發展到較高級的心理上的品味嘆意，甚至還包括精神意趣上的盡
興愉快。這就是飲食文化藝術在人們心理上的反映，古代也不例
外。

　　唐宋時期，飲食心理最明顯突出的是表現爲對飲食美感的追
求與享受，從而構成了唐宋飲食心理的美學特色。飲食美感主要
包括三個方面。一是食物的自然美，許多食物原料在烹飪之前，
已經給人以自然形態的美感。如鮮魚光鮮活跳，鱗影閃爍，往往
會引起人們有一種急於品味嚐鮮的感覺。二是藝術美，食物經過
烹飪加工變成精美的食品菜餚，兼備色、香、味、形，使人們從
美味佳餚中得到美的感受與享受。三是環境美，主要是指美好的
飲食環境，包括進食的時、空、人、事等因素。自然美與藝術美
是可以通過直接觀察與感受的實體美，而意境美則主要是通過意
會領略而感受的。這裏主要是圍繞當時心理活動過程中，所表現

的藝術美與意境美的有關內容略作探析。

　　唐宋時期飲食的藝術美，首先表現在食餚的色彩和諧鮮明。這裏包括兩方面的內容。一是食物與食器之間的和諧協調，對食與器的結合頗為重視與講究。唐人杜甫《麗人行》詩謂：“紫駝之峰出翠釜，水精之盤行素鱗，犀箸厭飫久未下，鸞刀縷切空紛綸”。紅色駝羹與翠白碗盤所形成的強烈鮮明對比，給人以味道鮮潔濃厚，質雅軟嫩之感，令人吃之濃而不膩。食與器的構圖也十分注重整體悅目。南唐顧閎《韓熙載夜宴圖》，畫面上兩張食案，每案均是四盤四碗，菜餚皆按一紅一白擺設，紅白相間，對比奪目。二是食餚烹飪製作中有意識增加色彩視覺。“吳越有一種玲瓏牡丹鮓，以魚葉鬥成牡丹狀，既熟，出盎中，微紅如初開牡丹”。❸❶又“雪霞羹”，“採芙蓉花去心蒂湯焯之，同豆腐煮，紅白交錯，恍如雪霽之霞”。❸❷食餚整體佈局構成，充滿詩情畫意，呼之欲出，令人回味無窮。

　　其次，食餚的形狀佈設對飲食心理也會產生重要的影響，這就是所謂飲食中的造形美感。唐人韋巨源《食譜》中就有一道點心，名“生進二十四氣餛飩”，“花形餡料各異，凡廿四種”。就是利用食品造形上的花式形狀，令食者悅目歡心，增進食慾。唐宋時期，象形食餚的製作具有相當水平。或以花款造形取意。五代時，“郭進家能作蓮花餅餡，有十五隔者，每隔有一折枝蓮花，作十五色”。❸❸荷花形狀的餅餡能作出十五種花色品種，可

---

❸❶　〔宋〕陶穀：《清異錄》。

❸❷　〔宋〕林洪：《山家清供》，卷下。

❸❸　〔宋〕陶穀：《清異錄》。

知其技藝高超。又"梅花湯餅"，"初浸白梅檀香末水和麵作餛飩皮，每一疊用五分鐵鑿如梅花樣者鑿取之，候煮熟乃於雞清汁內，每客止二百餘花"。❸或以通過刀工技術，雕刻食餚的造形藝術形狀。這就是我國古代著名的食雕藝術。唐代嶺南，"枸櫞子，形如瓜，皮似橙而金色，故人重之，愛其香氣。京輦豪貴家釘盤筵，憐其遠方異果，肉甚厚，白如蘿蔔。南中女工竟取其肉雕縷花鳥，浸之蜂蜜，點以胭脂，擅其妙巧，亦不讓湘中人縷木瓜也"。❸宋代東京七月七夕之時，"又以瓜雕刻成花樣，謂之'花瓜'。又以油麵糖蜜造爲笑靨兒，謂之'果食花樣'"。❸通過對食餚形狀的藝術加工與觀賞，使人們對食餚增加美的感染力，進一步享受到飲食生活的美感食趣。這是唐宋時期飲食心理對於藝術美感追求的反映。

唐宋時期的飲食心理還表現了對意境美的強烈追求與感受。意境美主要指飲食環境的風雅情調，即所謂良辰美景，可人樂事，均可以增進飲食情趣，令人意猶未盡。唐宋時期的商業飲食市場，一方面在食餚的製作上講究精益求精，烹調出眾多不同風格的名菜美食，另一方面，在飲食環境上也別具創意，力求襯托出一個高貴瑰麗、優悠典雅的進食佳處，以滿足封建士大夫與小康市民階層的飲食生活需求。尤以北宋東京和南京臨安飲食市場的表現最爲突出。

北宋東京，"凡京師酒店，門首皆縛彩樓歡門，唯任店入其

---

❸　〔宋〕林洪：《山家清供》，卷上。

❸　〔唐〕劉恂：《嶺表錄異》，卷中。

❸　〔宋〕孟元老《東京夢華錄》，卷八。

門，一直主廊約百餘步，南北天井兩廊皆小閣子，向晚燈燭熒煌，上下相照"。東京著名酒店白礬樓，後改稱爲豐樂樓，"宣和間，更修三層相高。五樓相向，各有飛橋暗檻，明暗相通，珠簾綉額，燈燭晃耀"。❸十分注重酒樓食店門面的氣派裝飾，燈紅酒綠，以顯示其富麗堂皇、高貴豪華。南宋臨安也是如此，大酒樓食店，"店門首彩畫歡門，設紅綠權子，緋綠簾幙，貼金紗梔子燈，裝飾廳院廊廡，花木森茂，酒座瀟灑"。❸而且爲了滿足封建士大夫高談闊論、吟詩助興之風。在店肆廳堂內常設置一些名人書畫、花草盆景，以增添敞廳雅座之典雅氣氛。"汴京熟食店，張掛名畫，所以勾引觀者，留連食客。今杭城茶肆亦如之，插四時花，掛名人畫"。"列花架，安頓奇松異檜等物于其上，裝飾店面"。❸一些酒肆店舖的裝璜典雅，甚至連南宋皇帝也爲之駐足。淳熙年間，皇帝游幸西湖，"御舟經斷橋，橋旁有小酒肆，頗雅潔，中飾素屏，書《風入松》一詞於上，光堯駐目稱賞久之，宣問何人所作，乃太學生俞國寶醉筆也"。❹反映了當時飲食環境佈置之適雅。

　　飲食環境風雅舒適，其中還包括食具質料與雅潔。這對食客的飲食心理影響頗大。唐宋時期，封建經濟文化不斷發展，民間飲食市場也開始大量普及使用貴金屬飲食器具。而且唐宋時期陶瓷業的發達，瓷製食具、茶具更是風靡一時。當時的飲食器具已具有質料上乘、精巧雅潔的特點，以滿足人們對飲食器具的講究

---

❸　〔宋〕孟元老《東京夢華錄》，卷二。

❸❸　〔宋〕吳自牧：《夢粱錄》，卷十六。

❹　〔宋〕周密：《武林舊事》，卷三。

心理。北宋東京，"凡百所賣飲食之人，裝鮮淨盤合器皿"。"其正酒店戶，見腳店三兩次打酒，便敢借與三五百兩銀器。以至貧下人家，就店呼酒，亦用銀器供送。有連夜飲者，次日取之。諸妓館就店呼酒而已，銀器供送，亦復如是"。**④①**飲食器具質優雅潔之重，宋南渡後不減。有謂"杭城風俗，凡百貨賣飲食之人，多是裝飾車蓋擔兒，盤盒器皿新潔精巧，以炫耀人耳目，蓋傚學汴京氣象"。**④②**而且十分注重飲食器具的外表色彩裝璜。"邢瓷白而茶色丹，越瓷青而茶色綠，邢不如越"。**④③**飲食器具的質量優劣與色彩裝飾，對於食慾食興的增進提高有直接影響。正所謂"陳良器，好施食"。**④④**宋人筆記《摭青雜說》曾載"京師樊樓畔有一茶肆，甚瀟灑清潔，皆一品器皿，椅桌，皆濟楚，故賣茶極盛"。表現了飲食器具與飲食心理有著密切的聯系。

　　意境美還關係到飲食行業服務人員的服務態度與手段。唐宋時期，飲食市場競爭激烈，飲食行業提供優質服務將有助於飲食生意的興旺發展。從飲食心理角度言之，待客熱情周到，令食客賓至如歸。自然心情舒暢，雅興勃發，更加陶醉於美食美境之中，唐宋時期飲食市場顧客至上的原則與表現，正是爲了滿足人們這種追求意境美的飲食心理。北宋東京飲食店，"每店都有廊院東西廊稱呼坐次。客坐，則一人執筋紙，遍問坐客。都人侈縱，百端呼索，或熱或冷，或溫或整，或絕冷、精澆、臑澆之類，人人

---

④① 〔宋〕孟元老：《東京夢華錄》，卷五。

④② 〔宋〕吳自牧：《夢粱錄》，卷十八。

④③ 〔唐〕陸羽：《茶經》。

④④ 〔宋〕洪邁：《夷堅誌‧夷堅甲誌》，卷五。

索喚不同。行菜得之，近局次立，從頭唱念，報與局內。當局者
謂之‘鐺頭’，又曰‘着案’。訖，須臾，行菜者左手權三碗，
右臂自手至肩馱疊約二十碗，散下盡合各人呼索，不容差錯。一
有差錯，坐客白之主人，必加叱罵，或罰工價，甚者逐之”。**❹❺**
待客的語言態度，以及叫菜、端菜、送菜的時間、姿態及技巧均
有定制，不容有違。南宋臨安飲食店，“凡下酒羹湯，任意索喚，
雖十客各欲一味，亦自不妨。過賣鐺頭，記憶數十百品，不勞再
四，傳喝如流，便即製造供應，不許少有違悮。酒未至，則先設
看菜數楪，及舉盃又換細菜，如此屢易，愈出愈奇，極意奉承，
或少忤客意，及食次少遲，則主人隨逐去之”。由於顧客至上，
熱情周到，故“歌管歡笑之聲，每夕達旦，往往與朝天車馬相接。
雖風雨暑雪，不少減也”。**❹❻**“雖飲宴至達旦，亦無厭倦”。**❹❼**

　　唐宋時期，社會經濟不斷發展。特別是南宋偏安江南，統治
階級上層人物、富商大賈及封建官僚士大夫，及時行樂、犬馬聲
色，追求奢侈豪華的享樂生活。唐宋商業飲食市場爲了迎合他們
對酒當歌、人生幾何的人生觀念與飲食心理，常借助歌舞及妓女
作爲經營手段。令封建中上層食客感受到一種飄飄欲仙的風流意
境。唐詩中多有見載。或“胡姬春酒店，弦管夜鏘鏘”。**❹❽**或“吳
姬對酒歌千曲，秦女留人酒百杯”。**❹❾**類似的記載尚有不少。至
宋代就更爲腐化墮落。北宋東京，“諸酒店必有廳院，廊廡掩映，

---

❹❺　〔宋〕孟元老：《東京夢華錄》，卷四。

❹❻　〔宋〕周密：《武林舊事》，卷六。

❹❼　〔宋〕吳自牧：《夢梁錄》，卷十六。

❹❽　《全唐詩》，卷一百一十七，賀朝：〈贈酒店胡姬〉。

❹❾　《全唐詩》，卷三百零七，鮑防：〈宴東峰亭〉。

排列小閤子，吊窗花竹，各垂簾幙，命妓歌笑，各得穩便”。(50)南宋臨安出現了一些所謂：“花茶坊”，“樓上專安著妓女”。(51)或有“庵酒店”，“謂有娼妓在內，可以就歡”。(52)在一些規模宏大的酒樓，更是以花陣酒池爲美爲榮。“濃妝妓女數十，聚于主廊槏面上，以待酒客呼喚，望之宛如神仙”，“以待風流才子買笑追歡耳”。(53)實際上也是爲了滿足當時統治階級或富有市民階層追求飲食意境美的一種經營方式。如今固然不可取，但在當時封建社會的歷史條件下，也不必苛求古人。

所以唐宋時期飲食心理所追求的美感，不僅包括了食物的自然美與食物烹飪加工的藝術美，而且對飲食環境的意境美也有較高的要求。反映了唐宋飲食心理的全面、整體與平衡。表明了唐宋時期飲食生活五光十色、多姿多彩。商業飲食市場所呈現的各種飲食美感，目的是使飲者產生強烈的飲食慾望與飲食意趣。進一步促進了商業飲食市場的興旺發達。言唐宋飲食生活與飲食市場之興盛繁榮，唐宋時期飲食心理之探討未可偏忽。

---

(50) 〔宋〕孟元老：《東京夢華錄》，卷二。

(51) 〔宋〕吳自牧：《夢粱錄》，卷十六。

(52) 〔宋〕灌圃耐得翁：《都城紀勝》。

(53) 〔宋〕吳自牧：《夢粱錄》，卷十六。

第四章　唐宋飲食器具的
形質特色

　　飲食文化生活，飲食器具乃是必不可少的重要內容之一。自古以來，特別是進入文明社會以後，飲食器具的發展變化直接反映了飲食文化生活的進步及飲食風尚的演變。廣義上的飲食器具似應包括飲食具、炊具和儲存器等。這裏則主要是就唐宋時期飲食生活中直接使用重要飲食具試作總述，而其它附屬器具似可另文探討，則不在本書討論之範圍。

一　飲食器具的主要類別品種

　　唐宋時期，隨著食物品種的增加、生活習俗的改變以及文明文化程度的提高，飲食器具也產生了若干變化。前代的飲食器具，或者被淘汰，或者進一步演變，或者出現新的器皿，食具的種類日趨多樣，分工更爲明確。然萬變不離其宗，根據唐宋時期有關文獻資料以及考古出土的文物，按用途劃分，大體上可分爲三大類別，即食具、茶具與酒具，茲分述如下。

食具，包括有盤、碟、碗、箸、匙等種類

　　盤，當時主要是用爲盛食器具，盛放菜餚及果品。或見於飲

食宴客，或見於茶餘小憩。"唐少府監御饌器用九飣食，以牙盤九枚裝食於上，置上前，亦謂之看食"。❶五代，"孫承祐在浙右饌客，其指盤筵曰：'今日坐中，南之蟳蚱，北之紅羊，東之蝦魚，西之果荣，無不畢備，可謂富有小四海矣"。❷而在四川廣元宋墓龕壁的《侍宴圖》中，與茶盞、茶托放在一起的還有一盤瓜果。❸可見唐宋時期盤之盛食功能，而其它方面的作用似較少見，無論宮廷或民間的飲食生活均是如此。

　　碟，主要是用作盛食器，類似盛放荣餚及調味品的小盤。宋代，"一日穆父折簡召坡（蘇東坡）食皛飯，及至，乃設飯一盂，蘿蔔一碟，白湯一盞而已"。❹可知其功用與盤大體一致，只是體型和容積上略有區別。一般碟多是淺腹平底，而盤則腹較深，有沿，平底弧壁。

　　碗，一種敞口而腹壁較深的飲食器，用途最爲廣泛。既可作食器，唐人盧言《盧代雜說》云："鄭餘慶清儉有重德，一日忽召親朋官數人會食，……。良久就餐，每人前下粟米飯一碗，蒸葫蘆一枚，相國餐美，諸人強進而罷。"❺或可作酒器，唐詩有謂："蘭陵美酒鬱金香，玉碗盛米琥珀光，但使主人能醉客，不

---

❶　〔宋〕程大昌：《演繁露》，卷二。

❷　〔宋〕陶穀：《清異錄》。

❸　〈四川廣元石刻宋墓清理簡報〉，《文物》一九八二年六期。

❹　〔宋〕曾慥：《高齋漫錄》。

❺　《古今圖書集成•經濟匯編•食貨典》，卷二百六十一。

知何處是他鄉。"❻所以碗是具有跨類別多功能的實用價值。一般呈圜臺形，上寬下窄。

箸，也稱之爲筯，以作進食具之用，類似今天所謂筷子。唐人馮贄《雲仙雜記》謂"沈體文羸劣多病，日數米而食，不過一筯"。因爲它是較爲典型的進食之具，通常又以其喻爲開餐之意。"（孫）承祐在浙右日，憑籍親寵，恣爲奢侈，每一飲宴，凡殺物命千數，常膳亦數十隻方下筯"。❼至宋代，箸的應用更加普及，宋代東京的飲食店舖，"舊只有匙，今皆用箸矣"。❽

匙，其功能本與箸皆同，是爲進食之器。其形狀則有較大區別。南京地區南宋墓中曾出土了銀匙兩件。一件作圓錢狀，直徑四・三釐米，扁柄長一五・七釐米；一件作舌狀，柄前窄後寬，柄端作三角形，也長一五・七釐米。❾與箸相比，則有較大的進食容量，把握的手勢也有不同。而且匙不僅可作一般進食，也可舀湯，或者更適用於形質稀軟的食物進食時用。宋人蘇東坡曾謂："爛蒸同州羔，灌以杏酪，食之以匙不收筯"。❿宋人詩中也有謂："飯澀匙難滑，羹稀箸易寬"。⓫可見匙與箸在適用範圍內有所側重，有所不同。

---

❻　《全唐詩》，卷一百八十一，李白：《世中行》。

❼　《宋史》，卷四百八十，《世家三》。

❽　〔宋〕孟元老：《東京夢華錄》，卷四。

❾　〈江浦黃悅嶺南宋張同之夫婦墓〉，《文物》，一九七三年四期。

❿　〔宋〕蘇軾：《東坡志林》，卷八。

⓫　〔宋〕林洪：《山家清供》，卷上。

茶具，包括有茶盞、茶托、湯瓶、茶匙等器具

茶盞，用以飲茶泡茶之器具，形體類似小型的碗，敞口小足。在唐宋時期的有關文獻中，或稱之爲甌，或稱之爲盌，或稱之爲甖等。唐人陸羽《茶經》云："盌，越州上，鼎州次，岳州次，壽州次，洪州次"。唐宋詩中也有不少提及茶盞。如"越椀初盛蜀茗新，薄煙輕處攪米勻"。❷又"銀瓶銅碾俱宮樣，恨見纖纖爲捧甌"。❸反映了茶盞之功能與使用姿式。至於甖，宋人謂："今御前賜茶皆不用建盞，用大湯甖，色正白，但其製樣似銅葉湯甖耳，銅葉色黃褐色也。"故又稱爲"銅葉盞"。❹從宋代定窯中出土的瓷甖觀之，實際上是一種體型較大的茶盞，❺形式上仍不出碗之體型。

茶托，這是與茶盞配套的茶具之一。類似高臺盤形，內中有托圈，可以固定茶盞。有謂："茶柘子，始建中蜀相崔寧之女，以茶盞無襯，病其熨手，取楪子承之。既啜，盃傾，乃以蠟環楪中央，其盃遂定，既命工以漆環代蠟。寧善之，爲製名，遂行於世。其後傳者，更環其底，以爲百狀焉"。❻實際上在晉代已經出現了茶托，長沙晉墓中曾出土了目前已知最早的盞托。❼其形

---

❷ 《全唐詩》，卷四百九十四，施肩吾：〈蜀茗詩〉。

❸ 〔宋〕陸游：《劍南詩稿》，卷六，〈試茶〉。

❹ 〔宋〕程大昌：《演繁露》，卷十一。

❺ 可參閱《文物》一九六三年十三頁圖八。

❻ 〔宋〕王讜：《唐語林》，卷八。

❼ 〈長沙南郊的兩晉南朝隋代墓葬〉，《考古》，一九六五年五月期，圖版柒，十。

制與唐代大體一致。當然，唐宋時期飲茶之風大盛，對於盞托的改進無疑有更大的促進。宋代，茶托幾乎成爲茶盞之固定附件，出土文物中，有不少是茶盞與茶托共處同出。南宋時期，還盛行漆托。宋人泡茶，茶盞很熱，且多無把手，以托爲之，便於執取。而漆製品的隔熱性能則比之金屬與陶瓷器具更優。所以南宋臨安茶肆，"止用瓷盞漆托供賣，則無銀盂物也"。**⑱**

湯瓶，唐宋時期煮湯點茶之重要器具。根據出土文物，其外形類似今天的茶壺。唐代長安元和三年墓中曾出土一件茶瓶。底部墨書"老尋家茶社瓶，十月一日買，壺"。**⑲**此器腹部圓鼓，盤口，肩上出短流。以後湯瓶器身更呈修長，如南宋成書的《茶具圖贊》中的"湯提點"，就是長身長流口部峻削的湯瓶。（見附圖一）但是唐宋時期的湯瓶，與今人的茶壺功能截然不同，其湯瓶並非用以泡茶貯茶。時飲茶方式，一般是把茶葉酌量放在茶盞內，然後以湯瓶向盞內注入少量開水，調好茶末後，再不斷注湯，一邊用茶匙來回擊拂，稱爲"注湯"或"點茶"。所以湯瓶之功能在於煮貯開水。故《茶具圖贊》"湯提點"條謂："養浩然之氣，發沸騰之聲，以執中之能，輔成湯之德"。唐宋時期，湯瓶發展的特點主要是趨向於流部宛直，口部峻削。有謂："餠宜金銀，大小之制，惟所裁給，注湯害利，獨餠之口嘴而已。嘴之口差大而宛直，則注湯力緊而不散。嘴之末欲圓小而峻削，則用湯有節而不滴瀝，蓋湯力緊則發速，有節不滴瀝則茶面不破"。**⑳**

---

⑱　〔宋〕吳自牧：《夢梁錄》，卷十六。
⑲　〈唐代瓷窯概況與唐瓷分期〉，《文物》，一九七二年三期。
⑳　〔宋〕趙佶：《大觀茶論》。

可知湯瓶的造型結構與茶的成色關係十分密切,其形構之演變也絕非偶然。

　　茶匙,唐宋時期茶講究注湯點茶。點茶之功就是利用茶匙在盞中擊拂點點調。茶匙也是茶具的重要組成部份。"茶至唐始盛,近世有湯運匙"。**㉑**茶匙也稱之爲"筅","茶筅以觔竹老者爲之,身欲厚重,筅欲疎勁,本欲壯而末必眇,當如劍脊之狀。則擊沸雖過而浮沫不生"。**㉒**或謂:"茶匙要重,擊沸有力,黃金爲上,人間以銀鐵爲之,竹者輕,建茶不取"。**㉓**其製作質料相當廣泛。但不管怎樣,茶匙與一般進食之匙功能完全不同,只是作爲調點茶湯之專用器具。

酒具,包括有酒樽、酒壺、酒盞、酒杯等器具

　　酒樽,主要是用作盛酒之器。漢代最爲盛行,至唐初未衰。洛陽一六工區七六號螺鈿鏡中所表現的飲酒場面中,還能看到盛酒的樽。中唐以後,盛酒器開始出現新的變化,逐步向酒注過渡,然樽仍相沿而未盡替。"元和中,酌酒猶用樽杓,所以丞相高公有'斟酌'之譽。數千人一樽一杓,挹酒而散,了無所遺"。**㉔**即使在宋代,樽仍繼續偶見使用。四川德陽曾出土了宋代銀樽一

㉑ 〔宋〕陶穀:《清異錄》。

㉒ 〔宋〕趙佶:《大觀茶論》。

㉓ 〔宋〕蔡襄:《茶錄》。

㉔ 〔宋〕王讜:《唐語林》,卷八。

件，直壁，器身及足部爲大瓣蓮花瓣形。高一五·八釐米，口徑約一八·五釐米。㉕山西長治李村溝金墓墓室南壁中的"酒具圖"仍有樽的出現。㉖

酒壺，也稱爲酒注，唐以前的酒壺實際上是屬於酒罎之類的容器，沒有把手與管狀流。中唐以後才正式出現帶有管狀流和把手的酒壺，外形與湯瓶差不多。"其後稍用注子，形若罃，而蓋、嘴、柄皆具。太和九年後，中貴人惡其名犯鄭注，乃去柄安系，若茗瓶而小異，名曰偏提，時亦以爲便，且言柄有凝而屢傾側"。㉗酒注出現後，其既可盛酒，也方便注酒於杯盞，因此很自然取代以前酒樽與勺的主要地位。

酒盞，飲酒之器。宋人曾慥《高齋漫錄》載"歐公作王文亞墓碑，其子仲議諫議送金酒盤盞十副，注子二把，作潤筆資，歐公辭不受"。這裏的盤盞是以淺盤承盞之配套酒器，類似茶盞與茶托之配套。其淺盤稱爲酒臺，盤子當中凸起小圓臺，酒盞放在圓臺上，故又稱之爲"臺盞"，出土文物中多有所見。酒盞發展至宋以後，形狀日趨於杯的形式，主要表現在盞開始出現杯耳之狀。一九八一年十月江蘇溧陽出土了一批宋代銀器，其中一件"雙獸耳乳釘紋鎏金夾層銀盞"。直頸，侈口，圓鼓腹，圈足，雙獸

㉕　〈四川德陽出土的宋代銀器簡介〉，《文物》，一九六一年十一期，圖二。

㉖　〈山西長治李村溝壁畫墓清理〉，《考古》，一九六五年七期。

㉗　〔宋〕王讜：《唐語林》，卷八。

耳,風格渾厚凝重。㉘反映了宋代酒盞開始出現了新的變化特徵。

　　酒杯,其功能也是作爲飲酒之器。唐代"內庫有一酒杯,青色而有紋,如亂絲,其薄如紙,於杯上足有縷金字,名曰自暖杯。上令酒注之,溫溫然有氣相次如沸湯,遂收於內藏"。㉙其杯之功能,與近世幾無差別。時酒杯大體分爲兩大類,中晚唐以前多爲直筒杯或高足杯,以後則逐步發展爲帶耳杯"。㉚

　　上述爲唐宋時期飲食器具的主要類別和品種,歸納之或有以下若干特點。

　　⑴　碗形飲食器具佔了主要地位。除了一般用之盛荼盛飯,也可盛茶,稱爲茶盞,也可盛酒,則稱爲酒盞。

　　⑵　唐宋時,稱之爲"壺"者,與近世有別,是爲盛酒器,即酒注是也,不作盛茶之用。而類似酒壺的茶具,㉛則只作注湯點茶之用,稱之爲湯瓶。直至明代,泡茶始由用盞發展至用壺,才出現了今天意義上的所謂"茶壺"。

　　⑶　以樽作酒器逐步爲酒壺或酒注所取代。而飲酒除了碗盞之外,以杯飲酒也越來越廣泛。杯的容積較碗盞類的盛器爲少。如"湯鎗","溫酒爲鐵銅鎗,深三寸,平底可貯二寸湯,以酒

㉘　〈江蘇溧陽平橋出土宋代窯藏銀器〉,《文物》,一九八六年五期,圖版伍。

㉙　〔五代〕王仁裕:《開元天寶遺事》,卷上。

㉚　可參閱〈唐代瓷窯槪況與唐瓷分期〉,《文物》,一九七二年三期。

㉛　宋人王讜《唐語林》卷八謂酒注"若茗瓶而小異",可知當時的酒注與湯瓶形狀大體相類。

杯排湯中，酒溫即取飲"。❷可知杯的容量有限，否則湯鎗中之水將會溢出。唐宋時期碗盞之屬的形制也日趨縮小。除了美感風尙外，很可能與酒的度數提高有關。或可說明了飲食器具的形制也隨食品數量質量的變化而演變。

(4)　飲酒有酒臺之屬，飲茶也有茶托之器。反映了當時盛行熱茶、熱酒之飲，以避免燙手之虞。而發展至近世，茶托仍可見之，而酒臺似無再現，說明了熱茶之尙相沿至今，而溫酒之風則近乎消迹。

二、飲食器具的質料選用與特色

飲食器具質料的選用，關係到飲食器具的認識與製作水平。唐宋時期，隨著飲食文化生活水平的提高，飲食器具的質料選用更加廣泛。無論是宮廷或是民間，不同質料的飲食器具不斷湧現，豐富多彩，構成了當時飲食器具的又一重要特色。根據文獻與考古材料，當時飲食器具的質料選用主要集中在下述幾個方面。

(1)　金銀器具

自古以來，金銀珠寶就是統治階級觀賞裝飾之品，以顯示其高貴豪華。唐宋以前，金銀器具多爲觀賞或收藏之用，並沒有多少實用價值。而入唐以後，實用性金銀器具的出現越來越普遍。唐初，"胡楚賓屬文敏速，每飲酒半酣而操筆。（高宗）必以金銀杯盛酒，令飲，便以杯賜之"。❸唐玄宗時，"宋璟爲相，朝

---

❷　〔宋〕沈括：《忘懷錄》。

❸　《太平廣記》，卷二百零二。

野人心歸美焉。時春御宴，帝以所用金筯，令內臣賜璟"。❸中唐以後，實用性的金銀飲食器具日趨盛行，其數量、種類之多，遠非昔比。最突出的是一九七二年十月，西安南郊何家村出土了兩甕唐代後期的窰藏文物，共一千多件，內有金銀器二百零五件，其中屬於金銀飲食器具的就有近一百四十件。種類包括有碟、碗、杯、盤、壺等。❸一九六六年陝西耀縣柳林背陰村曾出土了一批年代更晚的唐代銀器，除了碗、杯、碟外，還出土了銀匙一件，通柄長二八·五釐米，匙寬四釐米，銀筷一雙三〇釐米，❸更是前所未見。進一步說明了唐中葉以來，統治階級對於飲食器具的享受與要求更趨於侈麗豪華，以表現其至高無上的統治地位。金銀飲食器具固然多爲皇帝與達官貴人所享有，唐代金銀飲食器具出土文物也多集中在西安附近。故有云："富貴湯，以金銀爲湯器，惟富貴者具焉"。❸但也不能完全排除在民間飲食生活中也開始使用金銀飲食器具。在陝西耀縣柳林背陰村出土的唐代銀器中，有一件刻有"宣徽酒坊宇字號"的銀碗，顯然是唐代"宣徽院"的遺物。另一件刻有"鹽鐵使臣敬晦進十二"的金花銀碟。敬晦在大中年間曾任御史中丞、諸道鹽鐵使等職。這些銀器自然是屬於唐代官僚貴族們的飲食用具。而同時出土的還有一件刻有"朱×"的銀碟，一件刻有"阿滿"的茶托，一件刻有"馬馬明"

---

❸ 〔五代〕王仁裕：《開元天寶遺事》，卷上。

❸ 〈西安南郊何家村發現唐代窰藏文物〉，《文物》，一九七二年一期。

❸ 〈陝西耀縣柳林背陰村出土一批唐代銀器〉，《文物》，一九六六年一期，圖版捌。

❸ 〔唐〕蘇廙：《十六湯品》。

的銀碗。這些銀器則可能是屬於民間下層的飲食器具，或者是被
唐朝統治者掠奪而來，所以與貴族上層的飲食用具一起出土。宋
代，一般民間使用貴金屬飲食器具更加明顯普及。宋代金質飲食
器具似乎不如唐代盛興，出土文物中似未有所見。而文獻中則略
有所載。如北宋皇室，"御筵酒盞皆屈卮，如菜盌樣，而有手把
子。殿上純金，廊下純銀。食器，金銀鍍漆盌楪也"。❸而其它
貴金屬的飲食器具則不僅爲皇室宮廷所獨有，而且深入至民間飲
食市場。北宋東京，"大抵都人風俗奢侈，度量稍寬，凡酒店中
不問何人，止兩人對坐飲酒，亦須用注碗一副，盤盞兩副，果菜
楪各五片，水菜椀三五隻，即銀近百兩矣。雖一人獨飲，盌遂亦
用銀盂之類"。❸南宋臨安，"且杭都如康、沈、施厨等酒樓店，
及薦橋豐禾坊王家酒店，閻門外鄭厨分茶酒肆，俱用全桌銀器皿
沽賣，更有碗頭店一二處，亦有銀臺碗沽賣，于他郡却無之"。❹
近四十年來，先後在江蘇、江西、四川、福建等地出土了不少宋
代銀質飲食器具，種類包括有碗、盤、盞、碟、壺、匙、杯等。
說明了唐宋時期金屬飲食器具的使用日益盛興，而且由皇室宮廷
的專利品逐漸擴展到民間下層飲食生活中，反映了唐宋飲食文化
生活的新動向。

(2) 陶瓷器具

唐宋時期，隨著對外貿易的發展需要以及飲茶、飲酒風氣的

---

❸ 〔宋〕孟元老：《東京夢華錄》，卷九。

❸ 〔宋〕孟元老：《東京夢華錄》，卷四。

❹ 〔宋〕吳自牧：《夢梁錄》，卷十六。

盛行，刺激了陶瓷手工業的發展。進一步加強了陶瓷飲食器具在日常生活中的應用。陶瓷器皿不吸收水分，不與食物起化學作用，表面光滑，容易洗滌，也不會生銹和腐朽。因而陶瓷器具比起其它質料的器具也有不少優越性。有謂：“貴欠金銀，賤惡銅鐵，則瓷瓶有足取焉。幽士逸夫，品色尤宜，豈不爲瓶中之壓一乎？” ❹所以唐宋時期，陶瓷飲食器具的應用甚爲普遍。有云：“凡貨賄之物，侈於用者，不可勝紀。絲布爲衣，麻布爲囊，氈帽爲蓋，革皮爲帶，內邱白瓷甌，端溪紫石硯，天下無貴賤通用之。” ❹天寶元年，韋堅擢爲陝郡太守，水陸轉運使。在京師 “穿廣運潭以通舟楫，二年而成。堅預於東京、汴、宋取小斛底船三二百隻置於潭側，其船皆置牌表之”。其中 “豫章郡船，即名瓷、酒器、茶釜、茶鐺、茶碗”。 ❹宋代，“耀川出青瓷器，謂之越器，似以其類餘姚縣秘色也。然極其粗樸不佳，惟其食肆以其耐久，多用之”。 ❹反映了唐宋時期，上至皇室宮廷，下至民間飲食市場及日常家居生活，陶瓷飲食器具的使用佔有重要地位。現據唐宋時期重要陶瓷窯址出土的主要飲食器具列成一表，❹或許更能進一步說明問題。

---

❹　〔唐〕蘇廙：《十六湯品》。

❹　〔唐〕李肇：《唐國史補》·卷下。

❹　《舊唐書》，卷一百零五，《韋堅傳》。

❹　〔宋〕陸游：《老學庵筆記》，卷二。

❹　本表根據《新中國的考古發現和研究》（文物出版社，一九八四年），和《中國陶瓷史》（文物出版社，一九八七年）有關資料整理而成。

年代	窯　　　址	主要飲食器具種類
唐	浙江上林湖濱海地區越窯	碗、壺、盤、盞、杯、碟、匙
	湖南湘陰岳州瓷	碗、杯、盤、壺
	湖南長沙銅官窯	壺、碗、盤
五	安徽淮南市壽州窯	碗、杯、注子、盞
	江西豐城縣洪州窯	碗、杯、盤
	四川邛崍縣邛窯	碗、盤、杯、碟、壺
代	廣東廣州西村窯	盤、碗、杯、壺、盞
	河北曲陽澗磁村定窯	碗、盤、壺
宋	浙江龍泉窯	碗、盤、壺、盞
	江西景德鎮窯	碗、盤
	江西吉安州窯	碗、盤
	福建建陽水吉鎮建窯	盞
	福建省德化窯	碗、盤、壺
	陝西省銅川市耀州窯	碗、盤、碟、盞托、注子、注碗
代	河南禹縣鈞窯	碗、盤
	河北磁縣磁州窯	碗、盤

　　由上表可知，唐宋時期幾乎所有的較爲重要窯址，都能生產各式各樣的飲食器具，而且基本上是以飲食器具爲大宗產品。生產是由消費所決定，反映了陶瓷飲食器具在飲食生活中的普及性和重要性，以後歷代不衰，至今不變。

(3)　漆器器具

　　漆器製作，首先是從漆樹皮下割取乳灰色液汁，它在空氣中氧化後逐漸變爲黑色，經煉製後，就成爲具有透明、防腐、耐酸、耐鹼等特點的天然漆，把它塗在木器等材料上，陰乾之後，吸入氧氣，便會起化學作用，形質漸變爲固體，便可成爲各種各樣的漆器。

　　漆器是中國古代著名的手工業產品，歷史悠久，享負盛名。早在漢代，就已經出現了大量漆器飲食用具。如長沙馬王堆三座西漢墓中，共發現漆器七百多件，其中以耳杯和盤爲大宗，耳杯幾佔一半，盤也在二百件左右。❻唐宋時期，儘管由於金銀和陶瓷飲食器具的蹦起衝擊，失去在當時的飲食生活中，漆器飲食用具仍佔有一席之地。特別是唐代始創的金銀平脫漆器，更是名揚一時的佳品。平脫，即花紋平出之意，在製器之時，將金銀紋飾用膠漆平沾於素胎上，空白處塡以漆，再打磨出之，粘上的花紋與漆面平齊。平脫花紋質料，亦不一定用金銀，亦可用玉或其他寶石，也不一定以木作胎，也可用金屬。唐五代時，多爲皇室宮廷之貴重器皿。唐玄宗時，“安祿山恩寵無比，錫賚無數”。其中就有“金平脫犀頭匙筯”，“金銀平脫隔餛飩盤”。“銀平脫食臺盤”。“又貴妃賜祿山金脫裝具玉盒，金平脫鐵面碗”，❼唐至德二載十二月，“禁珠玉、寶鈿、平脫、金泥、刺繡”。❽可見唐代平脫漆器是與金銀珠寶齊名。五代前蜀王建墓曾出土了

---

❻　〈長沙馬王堆一號漢墓〉，文物出版社，一九七三年，〈長沙馬王堆二號、三號發掘簡報〉，《文物》，一九七四年七期。

❼　〔唐〕段成式：《酉陽雜俎》，前集，卷一。

❽　《新唐書》，卷六，〈肅宗紀〉。

前所未見的銀鉛漆碟。❹表明了唐五代漆器飲食用具種類齊全，製作精巧，爲上層社會所重。宋以後，漆器飲食用具仍有相當程度的普及。河北、江蘇、浙江等地也出土了不少宋代漆器食具。一九五九年南京博物院在江蘇淮安地區曾清理了五座宋代墓葬，出土了較完整的七十五件漆器。其中有漆盤二十七件，平底二十二件（大盤二件、中盤七件、小盤十三件），凹底二件，圈底三件；漆碗十五件，圈底十件，平底五件；漆茶托二件。❺其形制、式樣，與其它地區出土的漆器大體相同。而且品種數量可觀，說明了漆器飲食用具至宋代仍有一定的地位。

以上爲唐宋時期不同質料飲食器具的主要類型，此外，其它質料的飲食器具也時有所見。一是利用其它多種原料，經過人爲加工而成爲各種飲食器具。或石料，“秀碧湯，石凝結天地秀氣而賦形者也，琢以爲器，秀猶然在焉，湯不良，未之有也”。❺或玻璃，唐岑參〈咸王挽歌〉曾謂：“漫作玻璃碗，淮王誤合丹”。在陝西西安南郊何家村發展唐代窖藏的一個銀罐中就有玻璃碗。宋代東京飲食店舖，有云：“吾輩入店，則用一等琉璃淺棱碗，謂之‘碧碗’”。❺或竹木，“沈香木，嶺南諸郡悉有之。……。山民或以構茅蘆，或爲橋梁，或爲飯甑，尤佳”。❺宋人有謂：

❹　〈前蜀王建墓出土的平脫漆器及銀鉛胎漆器〉，《文物》，一九六一年十一期，圖三。

❺　〈淮安宋墓出土的漆器〉，《文物》，一九六三年五期。

❺　〔唐〕蘇廙：《十六湯品》。

❺　〔宋〕孟元老：《東京夢華錄》，卷四。

❺　〔宋〕寇宗奭：《本草衍義》，卷十三。

"老子齋盡罷擊鮮，木盤竹箸每隨緣"。❺❹二是利用動植物的某些形制特點以爲飲食器具，這在邊疆地區表現得尤爲突出。唐代嶺南，"越王鳥，如鳥而頸足長，頭有黃冠如杯，用以貯水，互相飲食衆鳥雛。取其冠，堅緻可爲酒杯"。❺❺ "紅螺，大小亦類鸚鵡螺，殼薄而紅，亦堪爲酒器"。❺❻或利用植物花卉，"酒杯藤，大如臂，花堅可酌酒"。❺❼ "松楨，即種藤也。葉大者，晉安人以爲盤"。❺❽

唐宋時期，飲食器具質料選用甚爲廣泛，形成了飲食器具價值的千差萬別。既有價值連城的精工器皿，也有分文不值的自然器具。一方面反映了統治階級追求奢侈豪華的生活享受，而另一方面也表現了下層士民在利用飲食器具方面所具有的自然質樸風格。唐人杜甫《少年行》謂："莫笑田家老瓦盆，自從盛酒長兒孫。傾銀注玉驚人眼，共醉終同臥竹根"。正是他們飲食生活景況的眞實寫照。最後，通過飲食器具質料的選用，還展示了一些新潮封建士大夫嚮往自然，追求自然的生活風彩。宋代，"謝益齊不嗜酒，常有不飲，但能著醉之句。一日書餘琴罷，命左右剖香圓作二杯，刻以花，溫上所賜酒以勸客，清芬靄然，使人覺金樽玉斝皆埃溢之矣。香圓，侶瓜而黃，閩南一菓耳。而得備京華鼎貴之清供，可謂得所矣"。❺❾雖爲一時之戲，或許也可從一個

---

❺❹ 〔宋〕陸游：《劍南詩稿》，卷七十二，《秋思》。

❺❺ 〔唐〕劉恂：《嶺表錄異》，卷中。

❺❻ 〔唐〕劉恂：《嶺表錄異》，卷下。

❺❼ 〔唐〕段成式：《酉陽雜俎》，前集，卷十八。

❺❽ 《太平廣記》，卷四百零七。

❺❾ 〔宋〕林洪：《山家清供》，卷上。

側面表現了當時社會對飲食器具有更多更新的追求。

三　飲食器具的造形與紋飾特點

　　唐宋時期，飲食器具不但在種類、質料方面顯示了多元化的追求與享受，而且在飲食器具的造形與紋飾方面也表現了高度的工藝美術水平。飲食器具的製作，形式多姿新穎，造形美觀大方，顯示了唐宋飲食器具的美學風格特色，在中國古代工藝美術史上留下了光輝的一頁。其中所具有的優秀工藝美術特點，進一步豐富了中國文化的寶庫，一直為後人所借鑒、繼承和發揚。

(1)　博採衆長，日趨精巧

　　唐宋時期，中外經濟文化交流以及漢族與周邊少數民族的交往融合之空前發展，對飲食器具的造形、紋飾的演變產生了重大影響。在飲食器具的工藝製作上，不斷兼收並蓄，博採衆長，形成了不少具有新型風格特色的飲食器。

　　唐初，曾有一種人形尊，人的形象為西域少數民族的形象，懷中斜抱一瓶，瓶頸細長，瓶口為荷葉形，液體由此注入尊內。❻⓪顯然是少數民族造形裝飾藝術的移植與融合。又初唐器物鳳頭壺，造形相當巧妙，在壺身上堆切著瑰麗的飾紋，壺蓋塑造成一個高冠、大眼、尖嘴的鳳頭，與壺口恰相吻合，而由口沿至底部連接著生動活潑的龍形柄。它是唐代以前所未見的新型樣式，器物本身既吸收了波斯薩珊王朝金銀器的造形，而又融合了中國傳統的

---

❻⓪　〈唐代瓷窯概況與唐瓷分期〉，《文物》，一九七二年三期，圖十四。

風格，以龍鳳紋爲裝飾，頗具特色。❻（見附圖二）波斯薩珊朝的金銀器造形，對當時金銀飲食器具加工製作也產生了重要的影響。西安南郊何家村出土的唐代窖藏金銀器，有部份器具的造形與紋飾，顯然在不同程度上融匯了一些異域風格。如金銀器上的裝飾花紋，往往把傳統的龍、虎、朱雀等紋飾，與外來的葡萄、蓮花以及對稱的花草、鳥銜花帶等紋飾巧妙組合，形成了鮮明生動的藝術特色。❻其它諸如鳳頭龍柄壺上的力士和卷草紋，一九五六年太原西郊出土的青瓷人物獅子扁壺所塑的象頭、獅子和胡人形象等等，都是對外域紋飾藝術吸收的結果。唐宋時期的飲食器具，在繼承中國優秀文化傳統的基礎上，不斷吸取、發揚，創新，顯示了當時自由開放的歷史特點。

同時，唐宋時期飲食器具之所以取得較大的工藝美術成就，主要是在器具的製作上並沒有故步自封，停滯不前，而是不斷有所變化，有所發展。以器物的造形爲例，總的趨勢顯然是由圓深厚實向修長精巧發展。如陶瓷碗具，隋末唐初，盛行折腹碗，口和上腹幾近垂直，下腹向內折收，平底。這種碗口大腹淺，飽滿圓渾，高深莫測。這種造形風格與當時的飲食方式有很大關係。唐初，人們仍習慣席地而坐，所用家具都是較矮的桌案。因此，碗的造形也必須適應這一生活方式與環境。作爲捧持的器物，折腹碗的體形能夠在一定程度上更有效地滿足人們的視覺效果，給

❻　〈唐代瓷窯概況與唐瓷分期〉，《文物》，一九七二年三期，圖一、圖二。

❻　〈西安南郊何家村發現唐代窖藏文物〉，《文物》，一九七二年一期。

人以穩定、豐滿、上昇的心理感受。而中唐以後至宋，則開始出
現新的變化，通行撇口碗，這種碗形一般是口腹向外斜出，壁形
底，製作更爲工整小巧。因爲天寶以後，屋內陳設開始出現了桌
椅，其形象大量出現於唐墓壁畫中，到了宋代，高型傢俱更爲普
及，從而引起了飲食器具的一系列變化。當碗一類的飲食器具高
置桌上，人的視線相應降低，爲了擴大人們對桌上器皿的內部視
線範圍，碗的造形降低了高度。而且爲了保持挺拔感，碗腹部也
構成較均勻的微型曲線，以保持視覺的實用舒適之感。其它壺、
盤、杯也有類似的變化。（見附圖三）如宋代的金銀器皿形體，
普遍比唐代更加小巧玲瓏，顯得胎體輕薄，精巧俊美。其中碗盞
一類的器物口徑通常多爲八・五至一一釐米，通高三・五至五・
五釐米，盤多爲口徑一六・五至一七・五釐米，高一至二・五釐
米。與唐代較爲盛行的那種形體豐腴、氣勢博大的碗、盤等器具
相比，顯然更加精緻雅觀。西安南郊何家村出土的唐代金銀質碗
具計有十一種六十件，最小的體高三厘米，最大的體高九・六釐
米；直徑最小的爲一〇釐米，直徑最大的爲二三・七釐米。❻又
一次證明了唐宋時期飲食器具是在不斷變化的過程中發展。其變
化方向乃日趨修長秀美，精巧小型。顯示了唐宋時代的工藝美術
風格已從渾厚博大的氣勢，逐步轉化爲別緻秀雅的風韻。

(2)　規整統一，講求對稱

　　唐宋時期的飲食器具造形多樣，花式繁多，令人眼花撩亂。
但是在器型的造形紋飾上，能夠較好地處理整體與局部的關係。

---

❻　〈西安南郊何家村發現唐代窖藏文物〉，《文物》，一九七二年一期。

造形對稱統一，紋飾繁而不亂，給人以工整規範、有條不紊的感受。

　　首先，唐宋時期的飲食器具在造形上，多以對稱等分的瓜棱花瓣來構成整體感。江蘇淮安宋墓出土的漆器，無論盤、碗、茶托等俱為花瓣式器物，分為六瓣或十瓣兩種。❻著名的耀州窯能生產各種規格品種的飲食器具。在瓜棱葵瓣、多折等難度較大的器物也能造到規整周正。其中著名的十二瓣瓜棱碗與十六菊花瓣盤都能達到規整等距與弧度相等的水平。❻江蘇溧陽平橋出土一批銀盞，就有五曲梅花形、八曲秋葵形、八曲方口四瓣花形、十二曲六角梔子花形等。❻方曲相接，造形複雜，但不管幾何形狀如何不同，其分中等距均恰到好處，對稱規整，沒有大小不一，縱橫相違之感。（見附圖四）

　　另外，類似注子與溫酒器等配套使用的器物，也力求和諧一致，以構成渾然整體。安徽省宿松曾出土了一件影青瓷酒壺與溫酒器。通高二八·五釐米，注為直口，廣肩圈足，頸下節貼花覆蓮紋一周，前有流，後有柄，注身通體作六瓣瓜棱形，下以高圈足蓮花瓣形碗作托，各蓮瓣之間的上部邊沿以刻劃的纏枝花卉相連。❻溫酒器採用蓮瓣形式，酒壺置之其中，令人有含苞待放、呼之欲出之感。酒壺和溫酒器上下組合和整個花紋圖案的佈局顯

---

❻　〈淮安宋墓出土的漆器〉，《文物》，一九六三年五期。

❻　可參閱《中國陶瓷史》第二五三頁，文物出版社，一九八七年。

❻　〈江蘇溧陽平橋出土宋代銀器窖藏〉，《文物》，一九八六年五期，圖一、圖三。

❻　〈從幾件出土文物漫淡宋元影青瓷器〉，《文物》，一九七三年五期，圖版壹。

得十分協調。（見附圖五）

在器具的紋飾上則巧妙地運用某些動植物的特點來構成統一的團形圖案結構。四川前蜀王建墓出土的漆碟，為五瓣形，圓底圈足。碟底刻飛翔的雙鳳而以卷草紋為地，底透和口沿刻蓮瓣，而用分弧紋將其分為五段，每段之中刻花草紋，空白處則刻極細的圓圈紋。❽器形畫面龍飛鳳舞，而紛繁中却不失立體與整體感。唐代西安南郊何家村出土的金銀飲食器具，在紋飾的佈局及結構上，周密地考慮了整個器物與局部的關係。在圓形或橢圓形的器物上多以一花為中心，以蔓莖卷線成四等或五等分，並在其中滿飾各種花鳥。一個圖案中，花形不同，鳥狀各異。❽在變化無窮的紋飾中烘托出整體規範感。一九七五年江蘇鎮江五代墓中曾出土了一隻青瓷大碗，撇口，口以下弧線內收，圈足，滿釉，碗中心有雙鸚鵡劃花紋飾。鸚鵡頭相對，尾彎圓，構成了團形圖案。❼一九七六年廣東惠州北宋墓出土了一隻纏枝菊花碗。❼內壁模印六朵菊花，環壁對稱，枝葉分佈全身，連成一圈，却不顯得過於繁密。花葉披映，互相呼應，連成一體。

(3)　形飾多變，題材廣泛

唐宋時期的飲食器具，造形紋飾多姿多彩，題材相當廣泛，

---

❽　〈前蜀王建墓出土的平脫漆器及銀鉛胎漆器〉，《文物》，一九六一年十一期，圖三。

❽　〈西安南郊何家村發現唐代窖藏文物〉，《文物》，一九七二年一期。

❼　〈鎮江、句容出土的幾件五代北宋瓷器〉，《文物》，一九七七年十期，圖四。

❼　〈廣東惠州窯址清理簡報〉，《文物》，一九七七年八期，圖六。

而且主要來源於社會生活、自然生活的廣闊天地。特別是攝取了
自然界中眾多的生物形象，通過模仿、提煉、創新，表現了高度
的藝術概括能力，突出了物體的典型特徵，從而構成了飲食器具
五彩繽紛的造形紋飾。

　　唐宋飲食器具形飾的主要題材有花卉瓜果、禽鳥及人物活動
等內容。而且通常是綜合寫意，把眾多生物形象融爲一體。揚州
曾出土了不少唐代瓷器，其中不少是以花卉禽鳥等作爲造形或紋
飾。如三彩雙魚壺一件，通高二三釐米，口徑四・五釐米，魚形，
彩色鮮艷，造形美觀生動。在同時出土的唐代瓷片中，也有刻劃
或模印人物、花鳥、卷草、雲龍、海水等圖案。[72] 遼寧昭盟喀喇
沁旗曾出土了一批唐代金銀器，[73] 其中一件龍頭魚身的紋鎏金銀
盤，就是運用誇張的手法來表現超現實的浪漫色彩。（見附圖六）
此外，反映社會經濟文化活動的寫實題材也常有所見。西安東南
郊沙坡村曾出土一批唐代銀器。其中八號杯，通高七・四釐米，
口徑六・三釐米，底徑三・一釐米，腹深四・八釐米。通體佈滿
花紋，腹部有四幅狩獵圖案。有獵者策馬尋獵、射獵等精彩場面，
顯得緊張而又生動。[74] 其佈局嚴整，人物、禽獸、流雲、樹木栩
栩如生，儼如一幅精緻的古代狩獵連環圖。有的還在飲食器具中
刻題詩對，更顯趣味高雅。湖南出土的唐代長沙窯瓷臺，其腹部

[72] 〈揚州唐城遺址一九七五年考古工作簡報〉，《文物》，一九七七
　　年九期，圖版壹、貳、參。

[73] 〈遼寧昭盟喀喇心旗發現唐代鎏金銀器〉，《考古》，一九七七年
　　五期。

[74] 〈西安東南郊沙坡村出土一批唐代銀器〉，《文物》，一九六四年
　　六期。

就題有“春水春池滿，春時春草生，春人飲春酒，春鳥呼春聲”
一詩。❼宋代形飾變化與題材更爲複雜廣泛，而且更具有強烈的
寫實意識。唐代飲食器具中常見的魚化龍等神怪異獸不復再見，
而更多是以民間生活的花卉瓜果爲形飾之素材。南京地區宋墓中
曾出土了白瓷盤一件，包銀口，雷紋邊，印鴛鴦荷花，底印雙魚；
定窯白瓷碗三件，大口小底，包銀口，雷紋邊，印纏枝蓮、水鳥、
底印雙魚。❼都是一些隱寓幸福、吉祥、富有的主題。特別是花
卉瓜果素材的運用更是淋漓盡緻。江蘇溧陽平橋出土的宋代銀器，
有一件蟠桃鎏金銀盞。盞呈帶枝葉的半桃形，口沿內鏨刻一周卷
草紋帶，底印模壓篆書“壽比蟠桃”四字。枝葉形態逼眞，枝幹
斷面還鏨刻出多圈年輪，既作裝飾，又可爲把手，器物造形十分
巧妙。（見附圖七）同時出土了三十九件花卉紋銀碟，形制大小
相同，敞口，淺腹平底，口沿內鏨刻一周二方連續四瓣花圖案。
底部鏨刻花卉，所刻花卉皆不相同，分別爲牡丹、櫻桃、繡球、
秋葵、梅竹、梔子、山茶、芙蓉和束蓮❼以之排成一列，仿佛置
身於百花園中，令人流連忘返，愛不釋手。唐宋時期的飲食器具，
正是以多變的藝術形飾和廣泛的生活題材，表現了其形象逼眞、
生動活潑的工藝美術特色。唐代，“李適之有酒器，九品蓬萊盞，
海川螺舞仙盞。蓬萊盞上有山象三島，注酒以山沒爲限。舞仙盞

---

❼ 〈唐代瓷窯概況與唐瓷分期〉，《文物》，一九七二年三期。

❼ 〈江浦黃悅嶺南宋張同之夫婦墓〉，《文物》，一九七二年四期，
　　圖二三、圖二四。

❼ 〈江蘇溧陽平橋出土宋代銀器窖藏〉，《文物》，一九八六年五期，
　　圖一、圖三。

有關柂，酒滿則仙人出舞，瑞香毬子落盞外"。❼❽又宋代，"徽廟有飲酒玉駱駞，大四寸許，計貯酒可容數升。香龜小如拳，類紫石而瑩，每焚香以龜啄之，烟盡入其中。二器固以黃臘，遇游幸必懷以往。去窒臘，即駞出酒，龜吐香"。❼❾說明了唐宋時期的飲食器具，已經超出了自身的實用價值，同時成爲了精緻的工藝美術品。

　　如上所述，唐宋時期飲食器具在造形與裝飾上，已經擺脫了前代粗糙簡單的格調，形成了一系列設計新穎多變，形式優美精巧的器皿產品，體現了飲食文化生活中美的追求。顯示了當時工藝美術的發展進步。唐宋時期的飲食器具，既是物質產品，又是精神產品，它同時從物質和精神兩個方面進一步豐富和美化社會經濟文化生活，表現了唐宋飲食器具的工藝美術特色與發展水平。標誌著古代飲食文化生活已經進入到一個新的歷史階段。

---

❼❽　〔唐〕馮贄：《雲仙散錄》。

❼❾　〔宋〕洪邁：《夷堅志‧夷堅甲志》，卷一。

附圖一　湯　瓶

1   2   3

1. 唐代 "老尋家茶社瓶"
2. 浙江寧波與托盞同時的唐越
 窯茶瓶。
3. 宋代《茶具圖贊》中之 "湯
 提點"。

附圖二　唐代鳳頭壺

附圖三　唐代碗壺造型
變化示意圖

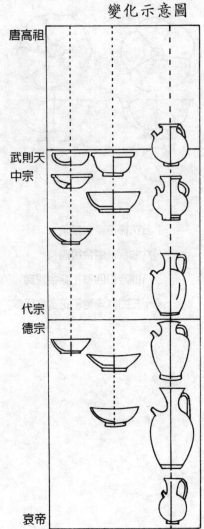

唐高祖

武則天
中宗

代宗
德宗

哀帝

附圖四 宋代銀盞

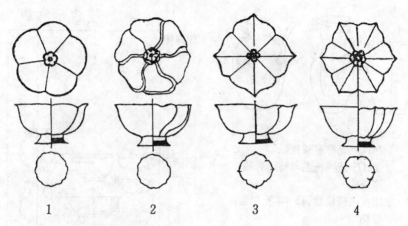

1.五花梅花鎏金銀盞

2.六曲秋葵鎏金銀盞

3.八曲方口四瓣花鎏金銀盞

4.十二曲六角梔子花鎏金銀盞

附圖五　宋代影青瓷酒壺、溫酒器

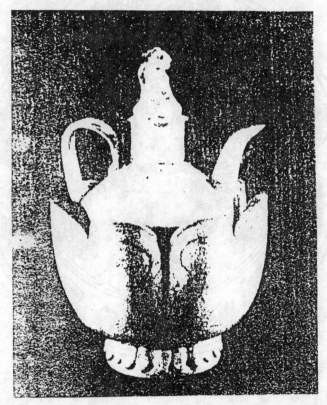

附圖六　唐代龍頭魚身紋鎏金銀盤

附圖七　宋代蟠桃鎏銀盞

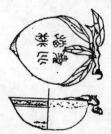

第五章　唐宋飲食療法

　　飲食療法，是中國古代飲食文化的又一重要內容。飲食，除了可以滿足人類生理和心理上的需求與享受外，還可以利用其作爲一種特殊的治病防病手段和方法。藥食同源，藥食同用，以食爲治，逐步形成了一套具有科學性與實用性的飲食療法。這一飲食文化傳統至少可上溯至先秦時期。據《周禮·天公》的記載，遠在公元前五世紀以前，周代王室的醫事制度，已有諸如食醫、疾醫、瘍醫、獸醫的設置與分工。其中"食醫"，"掌和王之六食、六飲、六膳、百羞、百醬、八珍之齊……"。"疾醫"，"掌養萬民之疾病……以五味、五穀、五藥養其病"。把飲食與保健療疾相提並論，緊密結合，實際上已開創了飲食療法之先河。古代中國的飲食療法，發展至唐宋時期，日臻定型和成熟。社會經濟的發展和飲食文化水平的提高，進一步促進了唐宋食療的發展，使之更具實際，更成體系。對古代中國中醫食療營養學的發展起了巨大的作用。了解與總結唐宋時期飲食療法的發展狀況和經驗，對於唐宋飲食文化與中醫食療營養學發展的研究，具有十分重要的意義。

一、　飲食療法初成體系

　　從中醫學史的發展角度言之，唐宋時期，特別是唐代，醫學理論上也許並不見得有很突出和顯著的成就。但在臨床實踐方面卻積累了更爲豐富的經驗,是實踐醫學發展較快的重要歷史時期。
唐宋時期的飲食療法同樣顯示了這一發展趨勢。在飲食療法理論
逐步提高的基礎上,在實踐中更加廣泛和深入地應用到臨床治療
以及日常的預防保健中,是我國古代飲食療法應用發展的重要歷
史階段。

　　唐代以前,也曾經出現過若干食療方面的著作。如《漢書·
藝文志》中就曾載有《神農黃帝食禁》七卷;《隋書·經籍志》
中也載有《膳羞養療》二十卷、《養生服食禁忌》一卷等一系列
的食療論著,然大多數已失佚。固然與當時的客觀歷史條件有關,
但主要原因似應與當時的飲食療法,在實際應用上尚未形成普遍
性、完整性、系統性有很大關係。入唐以後,古代飲食療法漸趨
成熟,出現了一批具有很高水平的食療論著。較有代表性的如唐
代孫思邈《千金要方·食治》、《千金翼方·養老食療》,孟詵、
張鼎《食療本草》,宋代王懷隱《太平聖惠方·食治》,陳直《養
老奉親書》等。一方面進一步以理論上闡明了飲食療法的作用和
意義,而另一方面在具體的食療形式與方法上更有新的發展與提
高,尤以後者最爲突出。

　　唐宋時期,在飲食療法的理論上,更進一步明確了食療爲本、
食療爲上的食治原則。極力提倡治病應首先採用飲食療法,而不
要輕易訴諸於藥療。因爲當時認爲食物本身也可用之爲藥。正所
謂:"有食便有藥也"。❶ "食能排邪而安臟腑,悅神爽誌,以
資血氣。若能用食平痾釋情遣疾者,可謂良工"。所以"夫爲醫
者,當預先洞曉病源。知其所犯,以食活之,食療不愈,然後命

---

❶ 〔宋〕王懷隱:《太平聖惠方》,卷九十六,〈食治〉。

藥"。❷或謂："主身者神，養氣者精，資氣者食。食者，生民之本，治人之本也。故飲食進則穀氣充，穀氣充則氣血勝，氣血勝則筋力強"。"若有疾患，且先詳食醫之法，審其症狀以食療之，食療未愈，然後命藥，貴不傷其臟腑也"。❸飲食是人體賴以生存的物質基礎，能充實人體正氣，抗禦疾病，促進身體健康。故宋人黃庭堅《食時五觀》中有云："五穀五蔬以養人，魚肉以養老，形苦者饑渴爲主病，四百四病爲客病，故須食爲醫藥，以自扶持。是故，知是者舉箸常如服藥"。以食爲人體康復之藥，關鍵在於掌握飲食特性而調養，以達到治病之目的。"人若能知其食性，調而用之，則倍勝於藥也"。"是以善治病者不如善愼疾，善治藥者不如善治食"。❹把飲食療法的作用，在理論上加以進一步提高。唐宋以前，古代的食療理論，往往只局限於"藥食同源"、"藥食同用"的認識水平上，僅僅是把食療作爲治病的輔助手段，處於較被動的地位，而唐宋諸家的食療理論則更爲發展，提倡食治爲先，藥治爲後，食療處於較爲主動的地位。所謂食治爲先，一是要防患於未然，通過飲食調養機體，增強抗病能力。二是治疾於及時，以飲食調養和藥物治療相結合，把疾患及早消滅在萌芽狀態之中，而並非是說食療是唯一根本的治病手段，完全可以取代藥療。表現了唐宋時期食療理論的科學性和客觀性，全面系統合理地論證了食療爲本、食療爲上的思想，爲古代中醫食療學科的體系化奠定了科學的理論基礎。

　　與當時飲食療法在理論上進一步提高相輔相成，食療在具體

---

❷〔唐〕孫思邈：《千金要方》，卷七十九，〈食治〉。
❸❹〔宋〕陳直：《養老奉親書‧食活養老》。

的應用實踐上也出現了新的突破。唐宋以前，用於食療的食物種類範圍尚爲狹窄，食療的形式也頗爲單調，不利於飲食療法的發展深化。所以食物品種在臨床治療應用上不斷增加，食療形式更爲多樣化，便成爲唐宋飲食療法超越前代的顯著標誌之一。不少食物，唐代以前不見於食療及本草書籍的記載。單以唐代《食療本草》中所見，就有諸如蕹茱、菠稜、落蘇、綠豆、白豆、大豆、蕎麥、荔枝、楊梅、橄欖、鶉、比目魚、青魚、石首魚等一大批具有一定療效的食物原料是首次見載，且有較詳盡之記錄。如蕎麥，"難消動熱風，不宜多食"，"雖動諸病，猶壓丹石，能練五藏滓穢，續精神。其葉可煮作茱食，甚利耳目，下氣"。又白豆，"平，無毒，補五藏，益中助十二脈，調中暖陽胃。葉，利五藏，下氣，嫩者可作茱食，生食之亦妙，可常食"。❺而且，唐代開始大量應用動物組織器官及激素劑治病。如動物肝用作治療目闇、夜盲已爲現代醫學所確證。唐代孫思邈在《千金要方》中最早提出了對多種動物肝的應用。青羊肝，"補肝明目"，沙牛肝，"明目"，兔肝《主目闇》等。其它諸如牛肚、牛腎、豬腸、豬肚、豬等各類家禽動物器官，也廣泛應用於食療之中，不勝枚舉。像牛肚，"主消渴，風眩，補五藏，以醋煮食之"。❻其用於食療乃爲唐代首見。至於那些屬於激素劑的食物，如熊膽、人參、鹿茸、麝香的應用，在唐宋有關的食療論著中也多有所載。熊膽，"寒，主時氣盛熱，疳蟨，小兒驚癇"。麝香，"除百病，治一切惡氣疾病。研了，以水服之"。❼此外，唐宋飲食療法的

---

❺〔唐〕孟詵、張鼎：《食療本草》，卷下。

❻❼〔唐〕孟詵、張鼎：《食療本草》，卷中。

形式和方法更爲多樣化。僅以宋代林洪《山家清供》一書中所見，其羅列的食療方劑，就有諸如飯、粥、麵、淘、索餅、餺飥、餛飩、糕、餅、脯、煎、菜、羹、酒、茶等多種食療的形式與方法。如百合麵，"春秋仲月採百合根，曝乾搗篩和麵作湯餅，寂益血氣"。又河祇粥，"乾魚浸洗細截，同米粥入醬料，加胡椒，言能愈頭風"。可知唐宋時期，食療方劑的配膳形式和方法之完備，爲前所未見。

　　唐宋時期的飲食療法，無論在理論上，亦或臨床應用實踐中，都達到一定的發展水平，顯示了新的趨勢、新的活力。不但在食療理論上繼續有所深化，最重要則是在臨床實踐中，食物的藥用範圍不斷擴大，更加廣泛，食劑配膳的方式方法層出不窮，日趨完備。反映了唐宋飲食療法已初成體系，具有學科系統性質的防病治病手段，成爲中國古代醫學治病養身的一個不可缺少的重要組成部份。

二　飲食療法的內容與作用

　　飲食療法與一般藥物療法不同，它主要是通過飲食來達到治病養身的目的，所以其應用範圍更加寬廣，其作用功效更非一般臨床醫療上所難以體會與體現，特別是從病人的心理因素考慮，飲食療法則更勝一籌。以現存的有關史籍所見，唐宋時期的飲食療法，主要有下述若干內容和作用。

(1)　治病防病

　　飲食與健康的關係，古而知之。我們的祖先在長期求生存的鬥爭中，學會了選擇有益健康的食物，避食不利於健康的食物，但畢竟尚處於被動。即使唐代以前的飲食療法，也只是停留在藥借食力，食助藥威的輔助水平。只有在唐宋時期，才開始較爲全面主動地把飲食作為治病防病的重要手段之一。唐代泉州，"有客盧元欽染大風，唯鼻根未倒。屬五月五日，官取蚺蛇膽欲進。或言肉可治風，遂取一截蛇肉食之，三五日頓漸可，百日平復"。❽特別是邊疆地區，交通不便，缺醫少藥，常以飲食療法治疾。唐宋嶺南地區就有不少類似的記載。如蛤蚧，"俚人採之鬻於市，爲藥，能治肺疾"。❾即使在今天，梧州的蛤蚧酒仍然是中外馳名的食療藥酒。或石鼠，"專食山豆根，賓州人捕得，以其腹乾之，治咽喉疾，效如神，功用勝山豆根"。❿此其一。其二，一些常見的多發病，則運用飲食療法更有顯著效果。如赤小豆，"和鯉魚爛煮食之，甚治腳氣及大腹水腫"，⓫或"治胸腹虛冷，下痢甚白，鯽魚粥方"，以"鯽魚四兩切作鱠，粳米三合，右以米和鱠作粥，入葱椒葱白，隨性食之"。⓬或"柳葉韭"，"乃取韭菜嫩者，用薑絲醬油滴醋伴食，能利小水，治淋病"。⓭可見唐宋時期的飲食療法，不僅更爲普遍，而且食療配膳常取普通食物爲之，特別側重於食物本身所具有的醫療作用，藥物配伍較少或簡直不用。這在唐宋時期，特別是宋人的有關論著中不乏記載，可謂各副其實的"食療"，爲唐以前的食療水平所難及。

除了主治疾患，唐宋時期的飲食療法，還廣泛推廣應用於防病及輔助藥療。如胡麻酒，盛夏之時，"正午各飲一巨觥，清風

---

❽ 《太平廣記》，卷二百一十八。

❾ 〔唐〕劉恂：《嶺表錄異》，卷下。

❿ 〔宋〕周去非：《嶺外代答》，卷九。

⓫ 〔唐〕孟詵、張鼎：《食療本草》，卷下。

⓬ 〔宋〕王懷隱：《太平聖惠方》，卷九十六，〈食治〉。

⓭ 〔宋〕林洪：《山家清供》，卷上。

颯然，絕無暑氣"。**⓮**或南宋臨安茶肆，"四時賣奇茶異湯，冬月添賣七寶擂茶，饊子、葱茶，或賣鹽豉湯，夏天添賣雪泡梅花酒，或縮脾飲暑藥之屬"。**⓯**體現了中國古代醫學預防爲主的指導思想。至於食療的輔助治療，則可有兩方面的內容，一方面，通過飲食調整人體內部器官的功能衰虛。羊乳，"補肺腎氣，和小腸。亦主消渴，治虛勞，益精氣，合服作羹食，補腎虛"，**⓰**又"治小便多數，瘦損無力，宜食羊肺羹方。羊肺一具細切，右入醬醋五味，作羹食之"。**⓱**另一方面，也可作爲病後產後健身強體的補充或鞏固治療。藕，"生食則主治霍亂後虛渴、煩悶、不能食，長服生肌肉，令人心喜悅"。**⓲**婦女產後，"若飲食失節，冷熱乖理，血氣虛損，因此成疾，藥餌不和，更增諸病。令宜以飲食調治，庶爲良矣"。**⓳**

　　唐宋時期的飲食療法，較全面地具有治病與防病的內容與作用。時飲食療法之運用，既可主治不少常見或多見的疾患，健體強身；也可在藥療同時或藥療之後以飲食輔助治療，更加有助於病者恢復健康，令藥療效果事半功倍。

(2)　養生益壽

　　唐宋飲食療法，不僅具有治病防病之功，而且還具有養生益

⓮　〔宋〕林洪：《山家清供》，卷上。

⓯　〔宋〕吳自牧：《夢粱錄》，卷十六。

⓰　〔唐〕孟詵、張鼎：《食療本草》，卷中。

⓱　〔宋〕王懷隱：《太平聖惠方》，卷九十六，〈食治〉。

⓲　〔唐〕孟詵、張鼎：《食療本草》，卷上。

⓳　〔宋〕王懷隱：《太平聖惠方》，卷九十七，〈食治〉。

壽之作用。因爲在食療過程中所用的食物藥膳，不少含有人體代
謝所必需的營養素，能有效地補充人體能量和營養物質，調節機
體內部物質代謝，達到養生延壽之目的。唐人孫思邈云：“安身
之本，必須於食，……，不知食宜者，不足以全生”。❷明確指
出了飲食養生的意義。特別是老年人，利用飲食養生更是延壽之
要道。需知“其高年之人，眞氣耗竭，五臟衰弱，全仰飲食以資
氣血。若生冷無節，饑餓失宜，調停無度，動成疾患”。❷所以
“五穀爲養，五肉爲益，五果爲助，五菜爲充。精以食氣，氣養
精以菜色；形以食味，味養形以生力”。❷通過飲食調劑，以行
養生之道。

　　唐宋時期，食療養生內容頗多。首先，開始出現了不少食療
補品，其中有些養生食譜具有很高的科學水平，如“茯苓酥”，
就是利用茯苓、松脂、生天門冬、白蜜、牛酥混合煉製而成。❷
或有“杏仁酥”，“家杏仁一石，去尖皮兩仁者”，“微火炒搗
作末，取美酒兩石研杏仁取汁一石五斗”。❷“即入好白粳米二
升，候汁濃，出貯之。更入蘇蜜。若有氣疾，入加蘇子、薏苡汁
二升同煎。一切風及百病、咳嗽上氣、金瘡棄肺氣、驚悸、心中
煩熱、風頭痛，悉宜服之，下氣不可言”。❷現代醫學證明，茯
苓、天冬、杏仁等分別含多醣類、生物鹼及B17等物質，而蜂蜜

❷　〔唐〕孫思邈：《千金翼方》，卷十二，〈養性〉。

❷　〔宋〕陳直：《養老奉親書・飲食調治》。

❷　〔唐〕孫思邈：《千金要方》，卷七十九，〈食治〉。

❷　〔唐〕孫思邈：《千金要方》，卷八十二，〈養性〉。

❷　〔唐〕孫思邈：《千金翼方》，卷十二〈養性〉。

❷　〔唐〕韓鄂：《四時纂要》，卷三。

和蠟則含有大量人體所需的微量元素、鹼性物質和促進某些細胞新生的物質。這一類食品可望收頤養延齡之功。孫思邈《千金翼方》中稱"茯苓酥"，"主除百病"，"久服延年"；稱"杏仁酥"，"主萬病"，"除諸風虛勞冷"，乃是不虛之言。而且還應用花粉製作益壽養生食品。如"松黃餅"，"春末取松花黃，和煉熟蜜勻作如古龍涎餅狀，不惟香味清甘，亦能壯顏益志，延永紀箅"。㉖松花黃即松花粉。花粉中含有極豐富的營養已爲現代科學研究所證明。而且花粉還具有迅速合成營養素的各種酶，可起到生精、造血、防老、消炎等作用，令人養顏益壽。花粉食品，是一種很有發展前途的養生健康補品，即使西方國家也是近年才正式研製花粉補品，而在我國宋代已有這方面應用的紀錄，表明了唐宋時期食療養生水平之高，已居於世界前列。

此外，唐宋食療能廣泛利用各種具有滋養強身價值的家禽食品。如雞，"虛弱人取一隻，治如食法。五味汁和肉一器中，封口。重湯中煮之，使骨肉相去即食之，甚補益"。㉗牛乳，"最宜老人平補血脈，益心長冗肉，令人身體康強潤澤，而目光悅誌不衰"。㉘而且在食療諸方中，還進一步配以中醫扶正固本諸藥物，以加強食療養生之功效。宋人王懷隱《太平聖惠方》專門備有"食治養老諸方"。其中就有不少是以家禽食品配以人參、杜仲、黃花、枸杞等而組成食療方劑。這一類的滋補食療藥品確實具有增強人體生理功能，改善細胞代謝及營養的作用。如人參能

㉖　〔宋〕林洪：《山家清供》，卷上。

㉗　〔唐〕孟詵、張鼎：《食療本草》，卷中。

㉘　〔宋〕陳直：《養老奉親書•食治老人諸疾方》。

促進核酸合成，提高大腦機能，促進抗體形成。所以養生延壽已成爲唐宋時期飲食療法內容中一個不可忽視的重要組成部份。

(3)　飲食宜忌

中醫歷來重視疾病的飲食宜忌，飲食療法的過程中同樣要掌握這一原則。在飲食的過程或進行食療的過程中，食物和食物之間或食物和藥物之間的配伍必須相宜，食物之性味，即寒、熱、溫、涼之性與辛、甘、酸、鹹、苦之味，應與疾病的屬性相適應。如果食物搭配不當或食物宜忌混淆，輕則食療作用被抵消，重則會對人體機體產生傷害作用。在這一意義上，飲食宜忌也是食療的重要內容之一，因爲很明顯，注重飲食宜忌對於確保食療的功效起著必不可少的作用。

唐宋時期，飲食宜忌有兩方面的認識和作用較爲突出。

其一，對於食物與食物之間的宜忌已有充分認識。食物之間由於其本身具有不同的性味，而可能產生的禁忌已引起人們足夠的重視。並指出了不少食物搭配之禁忌及犯禁之果。如"竹筍不可共鯽魚食之，使筍不消成癥病，不能行步"。㉙或兔肉，"不宜與薑橘同食之，令人卒患心痛，不可治也"。㉚或"蝦鱠共豬肉食之，令人常惡心、多唾、損精色"。㉛所以有謂："食必忌於雜，雜則五味相撓，食之不已，爲人作患。"㉜可見飲食宜忌對於身體正常健康所具有的意義。另外，食物本身的食用製作方

㉙　〔唐〕孟詵：張鼎《食療本草》，卷上。

㉚　〔唐〕孟詵、張鼎《食療本草》，卷中。

㉛　〔唐〕孫思邈：《千金要方》，卷八十，〈食治〉。

㉜　〔唐〕孫思邈：《千金翼方》，卷十二，〈養性〉。

法不同也會產生不同的飲食宜忌效果。乾棗，"生者食之過多，令人腹脹，蒸者食之，補腸胃，肥中益氣"。❸❸

其二，藥食不能相反，否則會影響藥療效果，甚至還可能產生反作用。蒼耳，"不可和馬肉食"。❸❹又"服丹石不可食蛤蜊，腹中結痛病"。❸❺而且還注意到某些食物對藥療有緩解作用。或"凡餌藥之人，不可食鹿肉，服藥必不得力。所以然者，以鹿常食解毒之草，是故能製毒散諸藥故也"。❸❻對於藥食宜忌的認識已有一定的深度，知其然，也知其所以然。

唐宋飲食療法中的飲食宜忌，並不是簡單地對某種食物的肯定與否定，而是關係到食物相互之間的性味與藥物屬性等對立統一的諸多因素，經過長期的實踐經驗而總結出在飲食和食療上的宜忌，具有一定的科學性與實用性。

三 飲食療法應用的基本特點

食物之所以具有治療作用，按古代的中醫理論認爲，主要是因爲它們與藥一樣，本身具有性味的偏勝。古代飲食療法就是利用食物的不同性味，針對疾病的性質而進行的一種特殊的治療方法。那麼，唐宋飲食療法在具體應用過程中有何特點呢？眾所周知，疾病的發生發展是由各方面的因素決定的，時令、氣候、地理環境、人的情緒和體質以及飲食條件對病理、病變均有重要的影響。這就決定了在飲食療法的臨床治療過程中，必須具體、辯

---

❸❸ 〔唐〕孟詵、張鼎：《食療本草》，卷上。

❸❹ 〔唐〕孟詵、張鼎：《食療本草》，卷中。

❸❺ 〔宋〕蘇軾：《物類相感志》。

❸❻ 〔唐〕孫思邈：《千金要方》，卷八十，〈食治〉。

證、全面地觀察分析病情，知常達變，靈活運用，進一步發揮藥
膳療疾的作用。這是唐宋食療學的基本原則，也是食療應用中的
基本特點。具體言之，則常有因人、因時、因地而變宜。

(1) 因人而膳

　　不同的人體，其素質、體質、性格類型各不相同，飲食的嗜
慾也不一樣。即使在同一個體中，一生發展的各個時期，其體質
及氣血盛衰也有所變化。因此，在食療的臨床應用過程中，必須
充分考慮到體質強弱之殊，男女老幼之異。這就是所謂因人而膳，
因人而治。如＂老人之食，大抵宜其溫熱熟軟，忌其黏硬生冷。
每日晨朝，宜以醇酒先進平補下元藥一服，女人則平補血海藥一
服，無躁熱者良＂。**❸❼**所以食療藥膳的配備，即使同一類病症，
也要因人而異。或＂老年人喘嗽，以乘肺也，若溫補之則宜，峻
補之則危＂。**❸❽**或有芡實，＂主溫治風痹，腰膝強直，膝痛；補
中焦，益精，強志意，耳目聰明。作粉食之，甚好＂。然於小兒
則不利，＂此是長生之藥，與蓮實同食，令小兒不能長大＂。**❸❾**
或有白苣，＂味苦寒，主補筋骨，利五藏，開胸膈押氣，通經脈，
止脾氣。令人齒白，聰明，少睡，可常食之＂。但於產婦則會產
生不良後果。＂患冷氣人食，即腹冷，不至於苦損人。產後不可
食，令人寒中，小腹痛＂。**❹❶**所以飲食療法，也要根據病人的不
同年齡、性別、體質強弱及精神燥態特點，給予適宜有別的藥膳

---

❸❼　〔宋〕陳直：《養老奉親書・飲食調治》。

❸❽　〔宋〕陳直：《養老奉親書・簡妙老人備急方》。

❸❾　〔唐〕孟詵、張鼎：《食療本草》，卷上。

❹❶　〔唐〕孟詵、張鼎：《食療本草》，卷下。

食療。表明了唐宋時期的飲食療法，已經不是孤立地、單純地觀
察病症，而且還注意觀察人的整體，分析不同人體個性特點，在
食療中採取因人而膳的科學食療方法。

(2) 因時而膳

　　四時的氣候變化，如春溫、夏熱、秋燥、冬寒，均對人體的
生理病理有重要影響。而反常的氣候則是誘發疾病的重要條件之
一。所以在飲食和食療的過程中，需根據不同的時令，作出相應
的食療用膳改變。

　　唐宋食療的因時而膳，主要根據古代樸素唯物觀和自發辯證
思想的五行學說，進一步說明人體和外界環境四時五氣以及飲食
五味等關係。運用五行生克乘侮的變化來製訂食療藥膳。宋徽宗
所撰《聖濟經》對此有詳盡的論述。其書卷一中有云：“穀果畜
菜，其味有辛酸鹹苦之異，故其致養也，或因其時而調之，或因
其不勝而助之。春主發散，多酸以收之，夏主解緩，多苦以堅之，
秋主揫歛，多辛以散之，冬主堅栗，多鹹以耎之，所謂因其時而
調之者如此。木克土，方春木用事之時，膳以土畜之牛膏而養脾。
火克金，方夏火用事之時，膳以金畜之犬膏而養肺。秋膳用雞而
養肝。冬膳用羊而養心。所謂因其不勝而助之者如此”。同書卷
六又云：“是以春氣濕，食麥以涼之。夏氣熱，食菽以寒之。秋
氣燥，食麻以潤之。冬氣寒，食黍以熱之。春夏為陽，食木火之
畜以益之，秋冬為陰，食金水之畜以益之”。其大略言之，春為
萬物生長之始，陽氣發越，應多食清淡之膳；夏季氣候炎熱，脾
胃受困，飲食則以甘寒清淡為宜；而秋季萬物收歛，燥氣襲人，
則應多用清潤降氣之膳；冬季天寒地凍，萬物伏藏，則應選食溫

熱補品。從而形成了唐宋飲食與食療因時而膳的基本規律。

食物有不同之性味，各種性味又各歸於不同的臟腑。所以中國古代食療學上，十分注重食物的五味調和，以保持身體健康。唐宋時期，進一步認識到五味調和和天時有密切關係。積極主張在飲食與食療中，必須根據天時的變化規律，作出用膳與藥膳的宜忌。這在唐宋有關著作中多有反映。如唐代孫思邈《千金要方•食治》就有諸如"正月不得食生葱"，"二三月宜食韭，大益人心"，"八月九月勿食薑"等一類的經驗總結。唐代孟詵、張鼎《食療本草》中也有類似的記載。"正月勿食虎肉"，"四月以后及八月已前，鶉肉不可食之"等等。

因時而膳還包括食療用膳的時間。主要是根據食物的藥性訂出最佳食用之時。明李時珍《本草綱目》卷二十一曾引："孫眞人云，薑為嘔家聖藥。蓋辛以散之。嘔乃氣逆不散，此藥行陽散氣也。俗言上床蘿蔔，下床薑，薑能開胃，蘿蔔消食也"。蘿蔔含有豐富的維生素，飯後食，有助消化，對人體很有益處。而生薑能止嘔助消化，然其辛辣刺激作用，於睡眠不利。故唐孫思邈總結民間的實踐經驗，認為生薑食療，晨起後服用為佳，其科學性是不言而喻的。

(3) 因地而膳

中國地域廣闊，各地的自然條件、人文情況均各有異。因而人們的飲食習慣、體質，甚至所患疾病，對食療藥療的反應也有不少差別。說明了不同地區人們的生理活動及病變特點是不盡相同的。在食療的運用中，也要充分注意到由於地域分異，對食療藥膳的食量、原料及使用的方法均有重要的影響，必須因地而膳。唐宋食療的應用中，不但對此有正確的認識，並且還總結出不少有效的經驗。如海藻，"主男子陰氣，常食之，消男子癭疾。南方人多食之，傳於北人，北人食之，倍生諸病，更不宜矣"。昆布，"下氣，久服瘦人，無此疾者，不可食。逐傳說其功於北人，北人食之，病皆生，是水土不宜爾"。❹這是由於人的體質之殊對食物食性反應之差異，南北亦然。宋人陳直《養老奉親書》備有"四時養老"之方。其也指出："多用寒藥，蓋北人之宜，凡用藥者宜參處之"。同一類的食物，在不同地區因人們飲食習俗及嗜好不同，所產生的功效也不相同。波菜，"冷，微毒。利五藏，通腸胃熱，解酒毒。服丹石人食之佳。北人食肉麵則平，南人食魚鱉水米即冷，不可多食，冷大小腸，久食，令人腳弱不能行"。❷實際上說明了地域對人的體質、飲食習慣及食療藥膳有重要的影響，要正確對待，合理用膳。此外，不同地域所生產的同類食物，其質量、性味也各有所異。食膳中也應充分考慮到這些因素。乾棗，"主補津液，養脾氣"。"然第一青州，次薄州者好，諸處不堪入藥"。❸羊的食用也是南北有別。有謂："南方羊都不與鹽食之，多在山中吃野草，或食毒草。若北羊，一二年間亦不可食，食必生病爾。爲其來南地食毒草故也。若南地人食之，即不慢也。今將北羊於南地養三年之後，猶亦不中食，何況於南羊能堪食乎？蓋土地各然也。"❹連普通的粳米，其食性也因地而異，所謂"北粳涼、南粳溫"是也。❺唐宋時期的飲食

---

❹　〔唐〕孟詵、張鼎：《食療本草》，卷上。

❷　〔唐〕孟詵、張鼎：《食療本草》，卷下。

❸　〔唐〕孟詵、張鼎：《食療本草》，卷上。

❹　〔唐〕孟詵、張鼎：《食療本草》，卷中。

❺　〔元〕賈銘：《飲食須知》，卷二。

食療法在食物選擇方面，已經充分考慮到不同地域對食療藥膳效果的影響，以及食物由於產地互異而其性味、療效同物而異等多方面的問題。充分體現了因地而膳的基本特點。

總而言之，唐宋食療過程中主要表現爲因人而膳、因時而膳、因地而膳三方面的基本應用特點。而且三者是密切聯系，不可分割。進一步表明了唐宋時期飲食療法的全面和系統。不但看到病症，而且還看到人的整體以及不同人的特性；不但看到人的方面，而且還看到人與自然環境相互聯系、相互影響的關係。這樣在食療用膳治疾過程中更能對症下藥，運用自如，更好地發揮食療治病養生強體的各種功效和作用。把中國古代的食療推向了一個新的高度。

中國古代的飲食療法經過長期發展演變，至唐宋時期已初成完整體系，成爲一門具有治病防病、養生強體意義的綜合性邊緣學科。以後古往今來，歷久不衰。

唐宋飲食療法在中國古代的食療發展史上具有十分重要的地位，承上啓下，頗具特色。首先，唐宋食療所利用的食物範圍十分廣泛，主要取自日常生活中的瓜果、菜蔬、米穀、家禽等，食用方便簡單，用之不竭，取之不盡。其次，在食療方劑的配膳製作上，主要側重於食物本身的醫療價值和作用，藥物配伍趨於簡少或完全捨而不同。而且配膳形式多樣，可口宜人，更能充分發揮其治病強身之功效。再次，唐宋食療主要體現了因人而膳、因時而膳、因地而膳的應用特點和原則，具有樸素唯物主義與自發的辯證思想，顯示了較高的實用性與科學性。爲以後乃至於現代中醫食療學的形成發展奠定了牢固的基礎，具有深遠的歷史意義。

第六章　唐宋飲食業的興盛

　　飲食成業，古而有之。起碼早在奴隸社會時代，飲食業已逐步興起，成爲社會經濟文化生活中一個不可缺少的行業部門。在封建社會時期，商品交換日益發展，飲食業更爲發達。唐宋之際，在中國古代封建社會發展過程中承上啓下，其政治、經濟、思想文化各個方面，無不體現了前後交替的歷史特色。反映在飲食業上，也不可避免地出現了新的趨向和變化，表現在社會化、商品化呈跳躍式提高。展示了唐宋時期商品經濟的高度發展與飲食文化生活豐富多彩的歷史風貌。在某種意義上言之，它實質上正是中國古代封建社會前後轉折的歷史產物。

一、飲食業發展的變化與趨向

　　飲食業的發展，是封建社會商業繁榮的顯著標誌之一。其經營規模的擴大與經營質量的提高，是和城鄉經濟的發展，商業市場的擴大，城鄉人口數量增加和流動性加強及坊市集市制度的弛壞互爲表裏。所以，隨著商品經濟而顯著發展的飲食業，是有著深刻的社會意義。

　　唐代以前，封建統治者一般都實行嚴格的抑商政策，商業受到中央政府的直接干預和管理，對商人和市場實行諸多限制。如市由官設，集市必須在指定的固定地點內開業，限制商業交易的時間等。直至唐初，上述情況仍十分明顯，城市裏實行嚴格的坊市制度，商業活動在時間上、空間上還有諸多制約，其交易買賣在很大範圍內和程度上仍受到封建政府的直接控制，飲食業也不例外。這一狀況直到中唐以後始有改變。社會生產力的提高，大批商業都市的崛起，城鄉物質消費量不斷增加，商品交換日趨活躍。在歷史發展新浪潮的衝擊下，封建城鄉經濟也不得不有所改變其封閉式的自然經濟面貌與內容。由於生產、市場、流通、消費不斷反復擴大，社會商品經濟關係逐漸明朗與開闊。自此至宋代，城市再也不可能單純作為嚴格的政治軍事堡壘，同時也可以成為新興工商業城市，古老的坊市制度即將完成它的歷史使命。飲食業主要面向城市，其發展變化自然首當其衝，勢所必然。

　　首先，飲食業在地域分佈上逐漸擺脫封建政府的控制，在適宜的地域與地點上較自由地呈網狀分佈。不僅在原有的大都市內不斷擴置，而且因商品所集，買賣所在，飲食業亦自發生。在州縣城外的水陸交通要道及江津河口，不少未經官府准許，也不受政府管理的飲食店鋪紛紛興起。正所謂：“東至宋汴，西至岐州，夾路列店肆待客，酒饌豐溢”。❶或有“唐汴州西有板橋店，店娃三娘子者，不知何從來，寡居，年三十餘，亦無親屬，有舍數間，以鬻餐為業”。❷連店主來歷尚不明瞭，封建商業管理弛緩略見一斑。又“長安自昭應縣至都門，官道左右村店之民，當大路市酒，量錢數多少飲之”。❸“貞元中，望苑驛而有百姓王申，手植榆於路傍成林，構茅屋數椽，夏日常饋漿水於行中，官者即

---

❶　《通典》，卷七，〈食貨七〉。
❷　《太平廣記》，卷二百八十六。
❸　〔五代〕王仁裕：《開元天寶遺事》，卷下。

延憩具茗"。❹在官道兩傍興業,至少已爲封建政府所默許認可。宋代更是如此,飲食業完全根據社會需要而發展。如"青城道會時,會者萬計,縣民往往旋結屋山下,以鬻茶果"。❺特別是如北宋東京、南宋臨安一類的大都市,飲食業更爲發達。北宋東京的飲食業,徹底打破了坊市界線。從威嚴莊重的御街,到城外的關廂,飲食店鋪林立遍佈,即便是皇宮東華門外,也成爲興旺的飲食市場。"東華門外,市井最盛,蓋禁中買賣在此。凡飲食,時新花果、魚蝦鱉蟹、鶉兔脯臘、金玉珍玩衣着,無非天下之奇"。❻甚至金明池、瓊林苑的園林勝地,也"皆飲食店肆"。瓊林苑,"大門牙道,皆古松怪柏,兩傍有石榴園、櫻桃園之類,各有亭榭,多是酒家所占"。❼南京臨安,更是"處處各有茶坊、酒肆、麵店、果子、綵帛、絨線、香燭、肉醬、食米、下飯魚肉鮝臘等鋪"。❽飲食業發展還波及至鄉村小鎮。唐代詩人杜牧就有"借問酒家何處有,牧童遙指杏花村"之名句。宋代,或有"茅屋滄州一酒旗,午烟孤起隔林炊"。❾描寫的正是農村中的酒店開業。或有"德興南市鄉民汪一,啓酒肆於村中"。❿唐宋時期的鄉村飲食業主要是農村集市貿易興盛的產物,宋人詩中,有謂:"遠

---

❹ 〔唐〕段成式:《酉陽雜俎》續集,卷二。

❺ 〔宋〕洪邁:《夷堅志‧夷堅丙誌》,卷四。

❻ 〔宋〕孟元老:《東京夢華錄》,卷一。

❼ 〔宋〕孟元老:《東京夢華錄》,卷七。

❽ 〔宋〕吳自牧:《夢梁錄》,卷十六。

❾ 〔宋〕王安石:《臨川先生文集》,卷三十一,〈江寧夾口三首〉。

❿ 〔宋〕洪邁:《夷堅志‧夷堅三支壬》,卷十。

尋草市沽新酒”。⑪或“草市寒沽酒，江城夜搗衣”。⑫可知唐宋飲食業已經逐步突破封建坊市制度的束縛，開始從商業客觀需要出發，較自由合理地分佈飲食網點，反映了唐宋時期飲食業新的變化與趨向。

唐宋時期的飲食業不僅在空間上開始走上商品經濟的運行軌道，在時間上也開始趨向自由。爲保證封建政權的穩固性，唐代政府一般規定城、坊、市門必須日暮關閉，天曉方啓。直至中晚唐，這種定時啓閉以控制市場的制度依然如故。“故事，建福、望仙等門，昏而閉，五更而啓，與諸坊門同時”。⑬違者則受懲處。唐代法律規定“越官府廨垣及市垣籬者杖七十”，“坊市者，謂京城及諸州縣等坊市”。⑭但在城鄉商品經濟日趨頻繁衝擊下，這些制度的瓦解已不可避免。中唐以後，不少繁華都市及農村集市中，夜市廣泛出現便是明證。即使長安等地，夜市活動也未能消聲匿跡。開成五年，中央曾頒行敕令云：“京夜市，宜令禁斷。”⑮說明唐代兩京已出現夜市。此類禁令也只是具文而已。特別是南方商業都會，夜市的興盛已經在一定程度上使政治權力對經濟的干預失去了意義。唐代，汴州，“水門向晚茶客鬧，橋市通宵酒客行”。⑯金陵，“棲雁遠驚沽酒火，亂鴉高避落帆風”。⑰其它

---

⑪ 〔宋〕范成大：《石湖居士詩集》，卷十九。
⑫ 〔宋〕陸游：《劍南詩稿》，卷二十八，〈村居〉。
⑬ 《舊唐書》，卷十四，〈憲宗上〉。
⑭ 〔唐〕長孫無忌：《唐律疏議》，卷八。
⑮ 《唐會要》，卷八十六。
⑯ 《全唐詩》，卷三百，王建：〈寄汴州令狐相公〉。
⑰ 《全唐詩》，卷六百五十六，羅隱：〈金陵夜泊〉。

中小城市以及農村飲食夜市也很普遍。湖州，“春橋垂酒幔，夜柵
集茶檔”。❶而江淮農村，或有“江春鋪網闊，市晚糶蔬遲”。❶
或有“兩沂嚴風吹玉樹，一灘明月曬銀砂。因尋野渡逢漁舍，更
泊前灣上酒家”。❷宋代，更隨著坊市制度的徹底崩潰，飲食營
業時間就更不受限制。宋初年，宋太祖就曾規定開封府三鼓以後
夜市不禁。北宋東京飲食業幾乎日夜進行。馬行街鋪席，“夜市
直至三更盡，才五夏又復開張，如要去鬧處，通曉不絕”。“冬
日雖大風雪陰雨亦有夜市”。❷南宋臨安，酒樓歌館，直至三四
鼓後方靜，而五鼓朝馬將動，其有趁賣早市者，復起開張，無論
四時皆然”。❷ “杭城大街，買賣盡夜不絕，夜交三四鼓，游人
始稀，賣早市者又開店矣”。❷表明了中唐以後，商業時禁鬆弛
和坊市制度的破壞相並存，反映在飲食經營的時間上越來越不受
封建法律的任何約束，這是商品經濟發展的必然結果。

　　唐宋時期的飲食業，無論在營業的地點範圍或營業時間，越
來越不受封建政府的直接干預與控制，開始以社會經濟生活的需
要為轉移。表明了唐宋飲食業，在性質上已經逐步向商品經濟的
歷史範疇轉化，顯示了唐宋飲食業發展變化的歷史新趨向。

二　飲食業的類型與服務對象層次

---

❶　《全唐詩》，卷五百二十七，杜牧：〈句〉。

❶　《全唐詩》，卷六百七十四，鄭穀：〈山央中寓止二首〉。

❷　《全唐詩》，卷六百九十八，韋莊：〈夜雪泛舟遊南溪〉。

❷　〔宋〕孟元老：《東京夢華錄》，卷三。

❷　〔宋〕灌圃耐得翁：《都城紀勝》。

❷　〔宋〕吳自牧：《夢粱錄》，卷十三。

　　唐宋時期，城鄉商品經濟的發展，刺激了人們對社會物質生活更進一步的追求。飲食消費形式與層次也愈加廣泛複雜，促進了飲食業類型與服務層次的發展演化。

　　唐宋時期飲食業的類型，以主營的飲食品類劃分，大體上主要可分爲若干類。

　　(1)　**茶店類**。飲茶普及之風，盛於唐朝。茶店、茶肆、茶坊相繼興起。開元之後，"自鄒、齊、滄、棣，漸至京邑，城市都開店鋪，煎茶賣之，不問道俗，投錢取茶"，"於是茶道大行，王公朝士，無不飲者"。㉔長慶後，"茶爲食物，無異米鹽"。㉕由於茶在飲食生活中的地位越來越高，所以茶飲一類的店肆更加成爲飲食業的主要類型之一。唐京師長安永昌里就設有專門的茶肆。太和九年"甘露之變"，宦官仇士良搜捕李訓徒黨，"（王）涯等倉惶步出，至永昌里茶肆，爲禁兵所擒"。㉖飲茶及茶店盛興之風，歷宋不衰。北宋東京朱雀門外，"東西兩教坊，飲皆居民或茶坊。街心市井，至夜尤盛"。㉗南宋臨安也多有茶肆"四時賣奇茶異湯"。㉘

　　(2)　**酒店類**。酒店開業，歷史悠久。唐宋時期，南北風行，

㉔　〔唐〕封演：《封氏聞見記》，卷六。

㉕　《唐會要》，卷八十四。

㉖　《舊唐書》，卷一百六十九，〈王涯傳〉。

㉗　〔宋〕孟元老：《東京夢華錄》，卷二。

㉘　〔宋〕吳自牧：《夢粱錄》，卷十六。

方興未艾。唐代長安市上還有西域胡人開設的酒肆。有云："落花踏盡遊何處，笑入胡姬酒肆中。"❷其他都市集鎮、交通要道，酒樓酒店的建置十分普及。其"鉤楯跨通衢，喧鬧當九市"。或"青幟闊數尺，懸於往來道，多爲風所颺，時見酒名號"。❸宋代酒店分佈更爲細密，特別是在大都市中。北宋東京除了七十二家"正店"，其他中小酒家、酒店尚有三千戶，❸時人謂之爲"酒池"。❷南宋臨安，大街小巷，酒樓酒店也是星羅棋布。

(3) **飯店類**。飯店專營應該說興起相對較遲。唐代，"利州有賣飯人，其子之婦山園採茶"。❸應爲飯店經營之載。宋陶穀《清異錄》謂："閶闔門外通衢有食肆，人呼爲張手美家，水產陸販，隨需而供。"其上市的節令食品中就有不少是屬於飯粥類，當爲飯店一類的食店。宋代以後，飯粥專營更加明顯普遍。如"鄱陽城中張二以賣粥爲業"。❸或"臨安浙江人舒懋以賣魚飯爲業"。❸或"鄂渚王氏，三世以賣飯爲業"。❸

(4) **點心店類**。點心類食品原來是屬於早餐一類的小食。宋

---

❷　《全唐詩》，卷一百六十五，李白：〈少年行〉。

❸　《全唐詩》，卷六一十一，皮日休：〈酒家十咏〉。

❸　《宋會要輯稿・食貨》，二十之七。

❷　〔宋〕孟元老：《東京夢華錄》，卷五。

❸　《太平廣記》，卷四百三十一。

❸　〔宋〕洪邁：《夷堅志・夷堅丙志》。

❸　〔宋〕洪邁：《夷堅志・夷堅丁志》，卷九。

❸　〔宋〕洪邁：《夷堅志・夷堅支甲》，卷八。

人吳曾《能改齋漫錄》曾謂："世例以早晨小食爲點心,自唐時已有此語。按鄭傪爲江准留後,家人備夫人晨饌。夫人顧其弟曰:'治妝未畢,我未及及餐,爾可點心。'"至宋代則已發展成爲兩餐之間點綴一下口腹的甜食及酥炸麵品之類的專門食品。即"飯後飲食上市,如酥蜜食、棗䭔、碫砂團子、香糖果子、蜜煎雕花之類"。**㊲**南宋臨安"葷素從食店"就是專營諸色點心的專業店鋪,"市食點心,四時皆有"。**㊳**品類有葷有素,有鹹有甜,反映了城市點心食品的日益豐富。

(5) **餅店類**。《唐闕文·北里志王團兒》曾載,在唐代京師昇平坊就設有胡人賣餅之鋪。北宋東京"凡餅店有油餅店、胡餅店"。**㊴**經營不同品類、不同風格的各式餅食。甚至在邊區鄉域,餅店經營也有迹可尋,"東坡先生與黃門公南遷,相遇於梧、藤間,道旁有鬻湯餅者,共買食之"。**㊵**反映了餅店經營已呈獨立的行業形式。

(6) **麵食店類**。這裏不是指麥麵製品的食品,而是指專營麵條的飲食店。南方人喜吃米飯,北方人喜吃麵條,自古而然。宋代開始有了一定的變化。特別是建炎之後,小麥在南方不斷擴種,麵條製品的原料來源甚爲充裕,麵條在主食中的比例逐漸增大。

㊲ 〔宋〕孟元老:《東京夢華錄》,卷二。

㊳ 〔宋〕吳自牧:《夢粱錄》,卷十六。

㊴ 〔宋〕孟元老:《東京夢華錄》,卷四。

㊵ 〔宋〕陸游:《老學菴筆記》,卷一。

南宋臨安，製作經營麵條的麵食店"處處有之"，有名相傳的就有保佑坊前張賣食麵店，金子巷口陳花街麵食店、太平坊南倪沒門麵食店，南瓦子北卓道王賣麵店、腰棚前榮麵店等。**❹**

此外，還可按地域飲食風貌之異劃分爲北食與南食類。北宋東京寺東門街巷，"巷內南食店甚盛"。又"北食則礬樓前李四家、段家熬物、石逢巴子，南食則寺橋金家、九曲子周家，最爲屈指"。**❹**隨著經濟重心的南移，南北經濟文化交流的頻繁與融合，飲食風貌的差別逐漸縮小。"何者汴京開南麵食店，川飯分茶，以備江南往來士夫，謂其不便北食故耳。南渡以來，凡二百餘年，則水土既慣，飲食混淆，無南北之分矣。"**❹**這些飲食類型的劃分自然意義不大，說明唐宋時期的飲食業類型並非一成不變。而是處於不斷的演變中，即使同一飲食類型內部也可衍生出不同的飲食細類。如酒店類，據宋人灌園耐德翁《都城紀勝》的記載，就有榮酒店，賣酒爲主，兼售飯榮；包子酒店，兼賣饅頭、包子等，還有諸如直賣酒店、散酒店、庵酒店、宅子酒店、羅酒店、花園酒店等，其內涵均有所別。唐宋飲食業的多元化，一方面說明了城市商業的發展，城鄉流動人口的增加，要求飲食業必須適應各種類型消費者的不同嗜好及需要。同時也反映了唐宋時期飲食文化結構上的完整與多層次，爲飲食業的興盛發展提供了主要服務對象和服務層次。

---

❹　〔宋〕吳自牧：《夢粱錄》，卷十三。

❹　〔宋〕孟元老：《東京夢華錄》，卷三。

❹　〔宋〕吳自牧：《夢粱錄》，卷十六。

　　所謂中國飲食文化層結構，實質上是各階級、各階層的人們由於政治經濟地位的不同而自然形成在飲食生活中的不同寫照與特點。通常可劃分爲五大層次，這在第三章中已有述及，由此也相應構成了飲食業的服務層次和服務對象。

　　首先是果腹層，以廣大農民爲主，他們在封建自然經濟的支配下，自給自足，只能維持果腹充饑的水平，絕少與商業飲食市場發生聯系。其次是宮廷層，皇帝及其皇親國戚，盤踞最高統治地位，天下獨尊。深宮廷內，衣食住行，均可通過一切行政手段，掠集天下萬物財富，根本談不上與商業飲食市場有何聯系與否。必要之時，天下任何一個部門，任何一個行業，都要爲其無償服務或無償供應。再次是貴族層，多爲一些權傾朝野的貴族，或雄鎮一戶的封疆大吏，或名聞遐邇、擁資巨萬的富家豪貴。他們的府邸之中，奴婢成羣，直接服務於飲食生活的專業人員，如廚師、役作等就有十數人，甚至數十上百人。唐代段文昌，曾爲丞相。"尤精饌事，第中庖所榜曰：'鍊珍堂'，在涂號'行珍館'。家有老婢掌之，以修變之法指授女僕，老婢名膳祖。四十年閱百婢，獨九者可嗣法"。❹宋人鄭望《膳夫錄》也載，時"蔡太師京廚婢數百人，庖子亦十五人"。曾有"士夫於京師買一妾，自言是蔡太師府包子廚中人。一日令其作包子，辭以不能。詰之曰：'既是包子廚中人，何爲不能作包子？'對曰：'妾乃包子廚中縷葱絲者也'。❺反映了類似蔡京之流的高官貴族憑借其政治經濟上的優勢，已在家內形成一支健全的分工細密、獨擅其技的廚

---

❹　〔宋〕陶穀：《清異錄》。

❺　〔宋〕羅大經：《鶴林玉露》，丙編，卷六。

作隊伍。他們與商業飲食市場的聯系也較少。偶然也有如宋仁宗老師呂夷簡一類的政府要員，也曾冒 "彈劾" 之風險，易服微行，就飲於東京的仁和店中。❻然終究爲數不多。所以唐宋飲食業的服務層次、服務對象應是以 "富家層" 和 "小康層" 的成員爲主。

　　唐宋時期，"富家層" 成員主要是包括那些富商大賈及中等仕宦。當時的商人，稍有資力與才幹之人，大多周遊四方，販運經銷商品。他們的衣食住行，自然須由服務性商業行業提供。唐詩有謂："春堤繚繞水徘徊，酒舍旗亭次第開。日晚上樓招沽客，軻峩大艑落颿來。"❼或有商賈，"通算衣食費，不計遠近程。經營天下遍，卻到長安城。城中東西市，聞客次第迎"。❽而北宋東京，"市井經紀之家，往往只於市店旋買飲食，不置家蔬"。❾這是屬於富商一類的服務對象。又正月之時，東京 "貴家婦女從賞關賭，入場觀看，入市店飲宴，慣習成風"。❿南宋臨安 "又中瓦內王媽媽茶肆名一窟鬼茶坊、大街車兒茶肆、蔣檢閱茶肆、皆士大夫期朋約友會聚之處"。⓫這是屬於中等仕宦一類的服務對象。"富家層" 一類的成員在政治、經濟與文化上均有一定的優勢，有較爲充足的條件，擺擺闊氣，講講排場。在節令或紅白諸事及宴客，他們也多赴酒樓舉置。所以兩宋時期大都市內，"凡

---

❻　〔宋〕歐陽修：《歸田錄》，卷一。

❼　《全唐詩》，卷三百六十五，劉禹錫：〈隄上行三首〉。

❽　〔唐〕元稹：《元氏長慶集》，卷二十三，〈估客樂〉。

❾　〔宋〕孟元老：《東京夢華錄》，卷三。

❿　〔宋〕孟元老：《東京夢華錄》，卷六。

⓫　〔宋〕吳自牧：《夢粱錄》，卷十六。

吉凶之事，自有所謂‘茶酒廚子’專任飲食請客之事。凡合用之物，一切賃至，不勞餘力，雖廣席盛設，亦可咄嗟辦也”。❺❷“主人只出錢而已，不用費力”。❺❸

　　“小康層”成員，則主要包括一些下等胥吏、農村的中小地主、城市中的一般市民及中下等文人騷客。宋代，“南城縣小吏謝某，事父甚孝。父年老須酒肉，吏家貧，度一日資用可了，則致養不少乏。稍有餘，即益市佳饌以進，亦不敢過舉，以貽親慢”。❺❹這是屬於下等胥吏。北宋東京“貧下人家”，也有“就店呼酒”。❺❺南宋臨安那些所謂“悶飯店”，“專賣家常，欲求粗飽者可往，惟不宜尊貴人”。❺❻“又有賣菜羹飯店，兼賣煎豆腐、煎魚、煎鯗、燒菜、煎茄子，此等店肆乃下等人求食粗飽，往而市之矣”。❺❼這是屬於城市中的一般市民，城市中的“夜市”及流動經營的飲食擔鋪也主要其爲對象。還有一些屬於中下等的文人騷客。如唐代，“天寶中，進士有東西棚，各有聲勢，稍惰者多會於酒樓吃饆饠”。❺❽“小康層”的成員，一般情況下都能有溫飽生活，而且在年節喜慶之時，也能進一步調劑改善生活。北宋東京冬至時令，“小民雖貧者，亦須新潔衣服，把酒相酬爾”。❺❾

---

❺❷　〔宋〕周密：《武林舊事》，卷六。

❺❸　〔宋〕孟元老：《東京夢華錄》，卷四。

❺❹　〔宋〕洪邁：《夷堅志補》，卷一。

❺❺　〔宋〕孟元老：《東京夢華錄》，卷五。

❺❻　〔宋〕灌圃耐得翁：《都城紀勝》。

❺❼　〔宋〕吳自牧：《夢粱錄》，卷六。

❺❽　〔唐〕段成式：《酉陽雜俎》續集，卷四。

❺❾　〔宋〕孟元老：《東京夢華錄》，卷六。

　　唐宋飲食業的服務層次，除中等仕宦官員外，主要是爲一些
行商賈客、工伎小販及城鄉從事流動職業的人們提供飲食服務，
城鎮人口與流動人口的增加是和城鄉之間、地區之間商品交換日
益活躍，商業市場不斷擴大緊密相關。表明了唐宋時期飲食業的
發展，一開始就自覺不自覺地進入到商品交換的運行機制中，從
飲食業的主要服務層次大致上也反映了這一點。

三　飲食業的多種經營特色

　　受商品經濟固有規律的驅使支配，唐宋商業飲食市場生機旺
盛，蒸蒸日上。尤其是多種經營的飲食業特色，更是前代所未見，
對當時社會經濟文化生活產生了重要的影響及其後果。

　　飲食業的多種經營，在唐代似乎還尚未顯示出其重要特色。
而宋代則表現得更爲突出。尤以北宋東京和南宋臨安飲食業的經
營狀況最能說明問題。

　　唐宋飲食業的多種經營首先是表現在飲食合一。古代最先是
沒有出賣經過烹飪的熟食。在市場上也不可能買到吃的東西。直
到奴隸社會，商品交換有了一定程度的發展，專門經營飲食的行
業始現萌芽。逐漸出現了殺豬宰牛，出售食品的飲食店鋪，但只
局限於賣酒、賣肉乾、賣魚、賣鹽等等。飲與食有較明顯的區別。
漢桓寬《鹽鐵論·散不足》曾云 "古者，不醬飪，不市食。及其
後則屠沽，沽酒市脯魚鹽而已。今熟食遍列，殽旅成市，……，
食必趨時"。可見遠古飲與食之區分至漢代始有改變，飲食業開
始能夠提供一些熟食之類的小食小菜。發展至唐宋時期，飲食合
一的經營模式日趨明顯定型。大業六年（610年），"諸蕃請入
豐都市交易，帝許之。……，胡客或過酒食店，悉令邀延就坐，

醉飽而散，不取其值”。⑥宋代飲食業就更加名副其實。正如北
宋東京規模較大的酒家，不僅能提供美酒，兼營茶飯，備有各種
製作精美的雞、鴨、鵝、魚、蝦、蟹、豬、羊等類菜餚，而且“又
有外來託賣炙雞、燠鴨、羊腳子、點羊頭、脆筋巴子、薑蝦、酒
蟹、獐巴、鹿脯，從食蒸作，海鮮時果、旋切萵苣生菜，西京筍”。
“又有托小盤賣乾果子”，供應南北各地的乾鮮果品。“更外賣
軟羊諸色包子豬羊荷包、燒肉乾脯、玉板鮮犯、鮓片醬之類”。⑥
而食店，“大者謂之‘分茶’，⑥通常也備有冷熱葷素各式各樣
的美食佳餚。南宋臨安也毫不遜色。酒肆，一般“兼賣諸般下酒，
食次隨意索喚，酒家亦有食牌，以便點供”。有一類“包子酒店”，
“專賣灌漿饅頭，薄皮春茧包子、蝦肉包子、魚兒雜合粉、灌熬
大骨之類”。⑥食店也兼賣酒菜，“如羊飯店，兼賣酒”。⑥麵
食店，不僅“更有麵食名件”，而且，“又有下飯，則有炕雞、生
熟燒、對燒、燒肉、煎小雞、煎鵝事件、煎肘肝腸、肉煎魚、炸梅
魚……等下飯。更有專買諸色羹湯、川飯，並諸煎魚肉下飯”。⑥
可見兩宋時期的城市飲食業，已經具有飲食合一、多元經營的特
點。這種經營模式，只有在飲食業發展到一定規模與水平的基礎
上，才有可能具備與實現。當時的城市商業飲食市場可謂琳琅滿
目，主食從食，美酒佳餚，乾鮮果品，應有盡有。人謂北宋東京

---

⑥　《資治通鑑》，卷一百八十一，〈隋紀五〉。

⑥　〔宋〕孟元老：《東京夢華錄》，卷二。

⑥　〔宋〕孟元老：《東京夢華錄》，卷四。

⑥　〔宋〕吳自牧：《夢梁錄》，卷十六。

⑥　〔宋〕灌圃耐得翁：《都城紀勝》。

⑥　〔宋〕吳自牧：《夢梁錄》，卷十六。

"集四海之珍奇，皆歸市易，會寰區之異味，悉在庖廚"。❻❻乃言之不虛。飲食業的多元經營既適應了城市經濟的發展和消費的需要，也擴大了本身的經營範圍，則能在商業競爭中獲取更多利潤。

　　唐宋飲食業的多種經營還表現在經銷形式上的多樣化。基本上可分爲固定經營與流動經營兩種形式。固定經營可分爲專營和兼營。專營是指通常城鄉所置的酒樓、茶店、食店一類是也。這一類專營飲食店鋪主要設於城市的主要街道內及交通要道、城鄉等，規模較大。兼營則指在家門附近所設的一些飲食小攤，兼及小百貨等買賣，小本小利，規模有限，史稱爲"諸色雜賣"。"每月如宅舍官院前，則有就門賣羊肉、頭肚、腰子、白腸、鶉鳥魚蝦，退毛雞鴨、蛤蜊、螃蟹、雜煠、香藥果子。博賣冠梳領抹、頭面衣著、動使銅鐵器、衣箱、磁器之類"。❻❼流動經營，也可分爲陸上與水上兩種形式。南宋臨安，"夜市于大街有車擔設浮鋪，點茶湯以便遊觀之人"。"又有盤街叫賣，以便小街狄巷主顧"。❻❽此陸上也，後還發展至水上。西湖，"湖中南北搬載小船甚伙，如撐船賣買羹湯、時果，……及供茶蔬、水果、船撲、時花帶朵、糖獅兒，……更有賣雞兒、湖齏、海蜇、螺頭"。❻❾流動經營的水上形式，受到一定的條件限制，在一些沿江靠湖的大都市或有所行，而在一般的城鎮及鄉村集市則爲稀見。

---

❻❻　〔宋〕孟元老：《東京夢華錄》，序。

❻❼　〔宋〕孟元老：《東京夢華錄》，卷三。

❻❽　〔宋〕吳自牧：《夢粱錄》，卷十六。

❻❾　〔宋〕吳自牧：《夢粱錄》，卷十二。

　　值得注意的是，唐宋飲食業除了本行內部實行多種經營，還發展至跨行業的橫向經營。唐詩有謂："送別人歸春日斜，獨鞭羸馬指天涯。月生江上鄉心動，投宿怱忙近酒家。" ⑩唐汴州的"板橋三娘子"，除了"以鬻餐爲業"，還經營旅店業務及提供驢畜以作交通工具，"故遠近行旅多歸之"。⑪宋代，"韓洙者，洺州人，流離南來，寓家信州戈陽縣大郴村。獨往縣東二十里地名荊山，開酒肆及客邸。乾道七年季冬，南方舉人赴省試，來往甚盛"。⑫還有兼營澡堂，宋宣和初年，京師有官人，"姑往茶邸水憩，邸之中則浴堂也，廝役兩三人"。⑬唐宋飲食業的橫向聯營，具有開創性的意義，顯示了唐宋期新的商業發展動向。

　　飲食業的多種經營促進了飲食市場內部分工的發展，有助於飲食業內部新生產關係萌芽的出現。唐宋時期，特別是宋代，飲食業內部開始出現雇傭關係。飲食行業內部的各種人員很多是通過勞動力交易雇傭而來。"凡顧倩人力干當人，如解庫掌事，貼窗鋪席，主管酒肆食店博士、鐺頭、行菜、過買、外出醫兒、酒家人師公、大伯等人，……，俱各有行老引領"。⑭他們依靠出賣勞動力爲生，與業主、店主之間形成剝削與被剝削的關係。宋代，"黃州市民李十六，開茶肆於觀風橋下"。其僕崔三，每月工資不過一千錢。遇有外人上門求宿，"崔曰：'我受僱於人，

---

⑩　《全唐詩》，卷七百四十八，李中：〈離家〉。

⑪　《太平廣記》，卷二百八十六。

⑫　〔宋〕洪邁：《夷堅志・夷堅丁志》，卷七。

⑬　〔宋〕洪邁：《夷堅志補》，卷八。

⑭　〔宋〕吳自牧：《夢粱錄》，卷十九。

安敢自擅'"。⑦可見這種雇傭關係是一種勞動力與貨幣的交換
關係，一般沒有附加超強制性條件。主人可隨時開除受雇之人。
北宋東京飲食店鋪，一般的下人"一有差錯，坐客白之主人，必
加叱罵，或罰工價，甚者逐之"。當然在一些規模較小的飲食店
鋪，還是實行家庭專業化經營。唐代望苑驛西的茶店，其主"有
兒年十三，每令伺客"。宋代京師"石氏開茶肆，令幼女行茶"。
家庭專業化經營顯然不可能適應商品經濟的發展與飲食業規模及
水平的進一步擴大提高，唐宋時期越來越不佔主導地位。

　　雇傭關係引入商品生產與商業經營，表明了唐宋飲食業的多
種經營已經超越簡單的商品生產水準，給社會經濟帶來了新的活
力因素，有助於以後資本主義生產關係萌芽的發生與發展，反映
了封建社會前後轉折的時代特徵。

---

⑦　〔宋〕洪邁：《夷堅志·夷堅支乙》，卷二。

第七章　唐宋屠宰加工與經營

在人類的社會發展史上，肉類在人類的飲食結構中應佔有重要的地位。中國古代以農立國，肉類生產與消費向為不足。特別是在封建社會前期嚴密的自然經濟體系中，由於社會分工的不發達，除了皇室宮廷之需，肉類的消費供給基本上是一個封建經濟單位內部自給自足，如小農個體家庭或地主莊園經濟內部實體等。肉類的生產與消費不能不受到一定的限制，肉類屠宰加工尚未能成為社會經濟生活中一項主要的行業或職業，難能對社會商品經濟的發展產生更多的影響。唐宋時期，封建社會生產力的提高，社會分工日益明顯與加強，商業大都市的日益繁榮及城鎮人口的不斷增加，刺激了肉類生產與消費的發展，肉類供應開始通過不同渠道進入流通過程，屠宰加工和經營也逐漸衝破封建社會自然經濟的禁錮，而成為社會經濟內部重要的商業形態，較為典型地反映了當時商品生產的內部關係。可以說，屠宰加工與經營的變化發展，是直接觀察唐宋社會商品經濟的窗口，其歷史意義和影響未可低估。

一、　肉類供給消費的主要品類與來源

屠宰業發展的先決條件，是肉類消費品類的豐富與來源的廣泛充足。唐宋時期，肉類生產和消費已有不同程度的提高和增長。肉類的食用範圍與品種進一步擴大，而其肉類食用的主要來源，

則主要是通過人工畜養與野外狩獵而獲取。

　　唐宋時期，肉類食用大體可分爲三大類型。第一類，是屬於以滿足肉用需要爲主的家畜，即通常所見的牛、豬、羊、雞、鴨、鵝等。❶第二類，是以運輸使役爲主而又兼而肉用的畜禽，如馬、驢、駱駝等。第三類，則屬於山珍奇獸的野生或半野生的動物，如鹿、蛇、狸等。前二類的肉類品種多爲民間普遍常見，而第三類肉類品種，則多見於山區邊塞，農業植被開發程度尙低的地區。深山野林，高峰峻嶺，爲珍禽異獸提供了重要的生息棲居之地。也爲人類的飲食生活提供新的肉類來源。由於地理環境的原因，有些肉類品種也非民間普遍多見。如野象，“廣之屬郡潮、循州多野象，潮、循人或捕得象，爭食其鼻，云肥脆，尤堪作炙”。❷孔雀，“或遺以充口腹，或殺之以爲脯臘”。❸黃鼠，“沙漠之野地多黃鼠，……，村民欲得之則以水灌穴，遂出而有獲，見城邑有賣者去皮刻腹極甚肥大，虜人相說以爲珍味”。❹隨著商品交換的發展，這一類奇珍異獸，也不再僅僅是局限於邊區一隅，逐漸進入都市城鎭，開始登上大雅之堂。北宋東京的相國寺，“每月五次開放萬姓交易，大三門上皆是飛禽貓犬之類，珍禽奇獸，

---

❶　這裏所說的 “牛” ，是指肉用牛，而非指耕牛。《周禮・地官》就有 “牛人” 一職。其職掌 “掌養國之公牛，以待國之政令。凡祭祀‘共其享牛’求牛以授職人而芻之。凡賓客之牛，共其牢禮秋膳之牛，鄉食賓射，共其膳羞之牛。軍事共其犒牛。喪事共其奠牛。凡會同軍旅行役，共其兵車之牛” 。可見肉用牛飼養自古有之。

❷　〔唐〕劉恂：《嶺表錄異》，卷上。

❸　〔唐〕劉恂：《嶺表錄異補遺》。

❹　〔宋〕惟文簡：《虜廷事實》。

無所不有"。❺南宋臨安的肉類市場上，也出現了諸如虎、狐、狸等野味，都是一些來自山區的野生肉類珍品。"麂，係牛尾肉面，生於昌化于潛山中"。❻當然，此類奇珍異獸儘管能爲人類飲食生活提供奇異的口腹享受，但畢竟爲數稀少，且難於人工飼養。或有"邕州已南，又有一種風狸，似兔而短，多棲息高木，候風吹而過他木，其溺主風，然甚難取，人久養之始可得"。❼所以對於滿足人類生長發育、增強體質所需的動物性蛋白質與熱能來源，主要是第一類型的肉類品種。特別是豬、牛、羊，其體形大，熱值高，群體繁殖快，適應性強，易於各地區人工畜養，在唐宋時期的肉類消費品種和來源中佔有最重要的地位，唐宋屠宰加工與經營也是以此爲主要對象。因此，唐宋時代的封建政府常以行政手段來掌握這一類型肉類的生產與供應，以滿足皇室宮廷之需。如宋代所設牛羊司，"掌畜牧羔羊棧飼，以給享宰之用"。❽唐宋時期，陝西同州馮翊縣一帶就設有大規模的皇室牧場，即歷史上著名的沙苑監。唐代，"以其處宜六畜，置沙苑監"。而同州朝邑縣苦泉，"其水鹹苦，羊飲之，肥而美，今於泉側置羊牧"。❾宋陶穀《清異錄》曾謂："馮翊產羊，膏嫩第一。言飲食者，推馮翊白沙龍爲首"。可見沙苑監至宋未衰。此外，在其他地區還設有類似的畜牧場。唐宋時代，政府的畜牧場

---

❺　〔宋〕孟元老：《東京夢華錄》，卷三。

❻　〔宋〕吳自牧：《夢粱錄》，卷十八。

❼　〔宋〕唐慎微：《重修政和經史證類備用本草》，卷十七。

❽　《宋會要輯稿·職官》，二十一之十。

❾　《元和郡縣圖志》，卷二，〈關內道二〉。

具有較大的規模。唐代牧監通常設有牧尉、牧長進行組織管理。按規定："牧馬、牛,皆百二十爲群,騍、騾、驢,各以七十頭爲群,羊,六百二十口爲群。群別置牧長一人,率十五長,置尉一人"。而畜牧之監,"即不限尉多少"。❿照此類計,一個畜牧單位至少畜養有一千八百頭牛或馬,一千零五十頭騍、騾、驢等,近萬頭羊。這裏還不包括羊羔、馬羔、牛羔等。其牧養規模可想而知,爲唐代的皇室宮廷提供了大量的肉用家畜。而唐宋皇室宮廷中肉類的消費量也頗爲驚人。如宋眞宗咸平五年,"御廚歲費羊數萬口,市於陝西"。⓫其它如豬肉的消費量恐也不少。北宋東京南薰門,"唯民間所宰豬,須從此入京,每日至晚,每群萬數,止十數人驅趕,無有亂行者"。⓬至於牛肉,則爲特殊。因爲牛是重要的耕作工具,乃古代農業大國立國之本。自古以來就有禁宰耕牛的法律限制,唐宋時代也不例外。然牛肉的食用,在當時仍爲大宗。除了肉用牛的飼養外,統治階級所頒行的禁屠耕牛法令之不徹底也是重要原因之一。唐大中五年,"敕兩京天下州府,起大中五年正月一日已後,三年內不得殺牛。如郊廟享祀合用者,即以諸畜代"。⓭似乎是說三年之外,殺牛則不禁止。而且禁令往往只是針對下層勞動者。對於享有特權的統治階級,此類禁令只不過是一紙空文。唐代,"廣陵有朱氏子,家世勳貴,性好食黃牛,所殺無數"。⓮"唐洛州司倉嚴昇期攝侍御史,於

---

❿　〔唐〕長孫無忌,《唐律疏議》,卷十五。

⓫　《宋會要輯稿·職官》,二十一之十。

⓬　〔宋〕孟元老:《東京夢華錄》,卷二。

⓭　《舊唐書》,卷十八下,〈宣宗紀〉。

⓮　《太平廣記》,卷四百三十四。

江南巡察，性嗜牛肉，所至州縣，烹殺極多"。❻至於統治階級
上林苑或王公貴族在郡國莊園牧場所提供的肉牛，那就更不在話
下。同時，宰殺老牛與殘牛或者是誤傷而屠殺的耕牛也不在違禁
之例。"其誤殺傷者，不坐，但償其減價"。❻所以唐宋時期，
在不少地區，牛肉的食用十分普遍。唐代"容南土風，好食水牛
肉，言其脆美，則柔毛肥陀㹠足比也"。❼宋代大中祥符七年，
有謂："浙民以牛肉爲上味，不逞之輩競於屠殺"。❽而大中祥
符九年，洛陽、開封之間，道路兩旁"鬻牛肉者甚衆"。❾甚至
天聖九年四月，"時秘書丞張周物上言，官禁屠牛，而州場稅牓
有收算之文"。❿這對於封建政府不能不是一個絕妙諷刺，而從
另一方面也反映了唐宋時期牛肉消費之地位。當時肉類消費與供
給具有重要意義的應是羊、豬、牛，至於雞、鴨、鵝等家禽，雖
然食用也很普遍，然其個體相對細小，所能提供的消費肉用量則
爲之遜色。而其它珍禽異獸來於自然繁殖，除了美味難窮，偶然
點綴一下罷了，在日常飲食生活中更難佔有重要地位。

　　唐宋時期，肉類供給來源形式多樣，主要可歸納爲三個方面。

　　首先是依賴於畜牧業的發展，包括官營與私營。官營的正如
上述，政府運用行政力量在某些合適地區設置頗具規模的畜牧場，
主要是滿足皇室宮廷揮霍之用。而民間個體私營飼畜也很普遍發

❻　《太平廣記》，卷二百四十三。

❻　〔唐〕長孫無忌：《唐律疏議》，卷十五。

❼　〔唐〕劉恂：《嶺表錄異》，卷上。

❽　《宋會要輯稿‧刑法》，二之十二。

❾　《宋會要輯稿‧食貨》，一之十八。

❿　《宋會要輯稿‧食貨》，十七之二十三。

達。唐代敦煌壁畫中的"擠乳圖"，載有這樣的畫面：一個農夫正在給母牛擠奶，另一個小牧童則用力牽拖正在掙扎衝向母牛的小牛。㉑顯然是屬於個體家庭所飼養的肉用牛或乳牛。唐詩描寫的田家生活，也有謂："小池聊養鶴，閑田且牧豬。"㉒或有越州四明山，"山下有張老莊，其家富，多養豕"。㉓宋代個體畜牧經營也是如此。"郝輪陳留別墅畜雞數百"，謂之"羹本"。㉔宋代隆興元年，曾有人提議："請權往廣西馬綱三年專令市牛，蓋廣西雷化等州，牛多且賤"。㉕以其管理飼養水平觀之，顯然是民間農夫個體飼養。"桂人養之不得其道，任其放牧，未曾餵飼，夏則放之水中，冬則藏之岩穴，初無欄屋，以禦風雨"。㉖

其次，有些肉類品種則可能是通過狩獵與畜養並存的形式而獲得。最典型的是鹿。鹿肉自古以來多為獵戶的產品，唐代，據載"胡向為虢州時，獵人殺一鹿，重一百八十斤"。"晉安東山樵人陳氏，……，乃見一大鹿，光自口出，設罝捕而獲之"。㉗而且唐代多以鹿脯上市，《新唐書•地理志》所記載盧州地區的土貢產品，鹿脯就是其中之一。宋代除了繼續捕獵野鹿，還開始兼用人工馴養家鹿。宋人周煇《清波雜志》曾載"士大夫求恣嗜慾，有養巨鹿，日刺其血，和酒以飲"。

㉑　可參閱《文物參考資料》，一九五六年二期，封面。

㉒　《全唐詩》，卷三十七王績，〈田家三首〉。

㉓．《太平廣記》，卷四百三十九。

㉔　〔宋〕陶穀：《清異錄》。

㉕　《宋會要輯稿•食貨》，三之十。

㉖　〔宋〕周去非：《嶺外代答》，卷四。

㉗　《太平廣記》，卷四百四十三。

　　最後，對於那些蛇鳥一類的飛禽走獸則完全是依靠捕獵而取得。唐代，"潯陽有一獵人常取虎爲業"。❷❽宋乾道五年，陸游入蜀，途經荊州地區，"郡集於新橋馬監，監在西門外四十里，自出城，即黃茅彌望，每十餘里，有村瞳數家而已，道遇數十騎縱獵，獲狐兔皆繫鞍上，割鮮籍草而飲，云襄陽軍人也"。❷❾或有農家在農閒之時，也會操漁獵之業，以幫補家用。詩云："人閒漁獵各相從，南陌東阡處處逢。繡羽觸機餘耿介，錦鱗出網尚噞喁。旁觀扶杖常移日，就買還家足禦冬。更待風霜都過盡，卻從春野看春農"。❸❿這種捕獵形式，偶然性較大，且多爲兼業，所以在唐宋時期肉食供應的來源中，不可能佔主要地位，只是作爲豐富飲食生活，起到一些補充作用。

　　唐宋時期，肉類供給品種十分廣泛，肉類來源的渠道也是多種多樣。有助於提高當時社會物質生活水平，改善充實人們的飲食結構。而肉類消費量的增加發展，對於屠宰加工業的規模與技術水平的擴大提高不啻是一個巨大的促進和刺激。

二、屠宰加工的發展狀況與工藝技術水平

　　唐宋時期，社會經濟的發展，科學技術的進步，促進了屠宰加工業的發展。其分佈越來越廣，規模越來越大，而屠宰加工工藝技術水平也不斷提高，成爲唐宋時代社會經濟生活的一個重要部門。

---

❷❽　《太平廣記》，卷四百三十三。

❷❾　〔宋〕陸游：《渭南文集》，卷四十七，〈入蜀記〉。

❸❿　〔宋〕陸游：《劍南詩稿》，卷二十六，〈冬日觀漁獵者〉。

首先，唐宋時期的屠宰加工行業，已經自然形成了定時作業程序與定點分佈供應制度。這一定時定點的商業制度，並非由於中央或地方行政機構出於抑商目的而所硬性作出對屠宰加工在時間上或地域上的限制，而是屠宰加工業本身由於商業發展需要，所自然形成的一些作業規律。

定時作業，是指每日屠宰加工定時開業，而收業時間則根據銷售情況而定。屠宰開業，往往夜曉交替之時進行，一般是由三更至五更開始。臨安屠宰之家，“自三更開行上市，至曉方罷市”。❸屠家開業一般很遵守時辰。宋代，“臨江軍新喻縣屠者張氏，居於僧寺之旁。每宰豬，必以曉鐘時起”。❸而通常“每日交五更，諸寺院行者打鐵牌子或木魚循門報曉”。❸定時早行開業，目的是爲了使肉類能及早趕市，以爭取銷售時間上的主動性。北宋東京“直至天明，其殺豬羊作坊，每人擔豬羊及車子上市”。❸

而定點分佈供應，是指肉類屠宰店鋪自行選擇適於經營的地點及範圍。一般表現爲若干特點。一是主要集中於都市城鎮的主要街道中。城市商業經濟較爲發展，社會分工較細，居住人口與流動人口的數量都較大，肉類的消費大於一般小市鎮及鄉村。北宋東京巷坊橋市就設有肉行。❸南宋臨安，“壩北修義坊，名日‘肉市’，皆是屠宰之家”。“杭城內外，肉鋪不知其幾”。❸

❸ 〔宋〕吳自牧：《夢粱錄》，卷十六。
❸ 〔宋〕洪邁：《夷堅志‧夷堅支壬》，卷五。
❸❸ 〔宋〕孟元老：《東京夢華錄》，卷三。
❸ 〔宋〕孟元老：《東京夢華錄》，卷四。
❸ 〔宋〕吳自牧：《夢粱錄》，卷十六。

二是集中在城鄉聯系的交通要道上及農村集市商業點等。這些地點，商販往來，車水馬龍，常需要有較充足的肉源以滿足消費或轉販。宋代，"餘干古步，有墟市數百家，爲商賈往來要道，屠宰者甚眾"。㊲建康府上元縣長樂鄉，有一農村集市就置在蛇盤驛，稱蛇盤市，時人詩謂此地乃"列肆屠羊客御鞍"。㊳可見在交通要道上，肉類銷售對象有不少是來往客商。三是較多地集中在廟祠附近。宋代江南玉峰縣城，"九品觀堂，在景德寺西，其地本屠沽所聚"。㊴又四川永康軍，"（崇德）廟前屠戶數十百家"。㊵屠宰店鋪集中在廟祠附近，其原因並非出於本身的家教信仰或者某種習俗，而是爲了滿足當時人們進行宗教祭祀活動之需。"永康軍崇德廟西，乃灌口神祠，爵封八字王，置監廟官視五嶽，蜀人視之甚謹。每時節獻享，及因事有所祈者，無論貧富，必宰羊。……。當神之生日，郡人釀迎盡敬，官僚有位，下逮吏民，無不贍謁"。㊶在封建社會裏，神靈備受頂禮膜拜，豬、牛、羊很早就是祭祀用的重要犧牲。所以屠宰店鋪集中在廟祀附近，正是商業逐利活動在地域範圍內的特殊反映。因此唐宋時期屠宰加工定時開業與定點分佈供應自然形成的作業制度，完全是出於商業活動的需要。表明唐宋時期的屠宰加工業，已經開始逐步走上商品經濟的運行軌道。

㊲　〔宋〕洪邁：《夷堅志‧夷堅三志壬》，卷九。

㊳　《景定建康志》，卷十六。

㊴　《玉峰志》：卷下。

㊵　〔宋〕范成大：《吳船錄》，卷上。

㊶　〔宋〕洪邁：《夷堅志‧夷堅支丁》，卷六。

　　屠宰加工的發展規模還表現在屠宰肉類數量的多寡。唐宋時期，以皇室宮廷之需爲首，統治階級豪奢生活，揮霍無度，其肉類消費驚人。宋神宗熙寧三年，河北榷場就曾一次買契丹羊數百萬上供牛羊司。❷熙寧十年，"御廚"就曾支取羊肉四十三萬四千四百六十三斤。❸以每年三百六十五天計算，平均每天消費羊肉一千一百九十斤，那起碼要日宰百頭羊左右。其它品種的肉類尚未計算在內。而在商品經濟日益高漲的歷史條件下，民間肉類的屠宰量也毫不遜色。上引四川永康軍崇德廟附近的屠宰店鋪，由於祭祀之需，"一歲至烹四萬口（羊）"，❹平均日宰百頭羊以上。南宋臨安屠宰之家，也是"每日不下宰數百口"。❺這是指某個地區群體屠宰加工的綜合數量而言。而以家庭爲單位的個體屠家，有些肉類的屠宰量也頗爲典型。宋代，"婺源畢村皆一姓所居。有畢應者，專意屠牛。每與人誇說，所殺牛至千頭矣，死後須得做牛頭王"。❻反映了唐宋時期，無論宮廷官營或民間私營的屠宰加工均十分發達。因爲屠宰加工肉數量的大小與否，和屠宰加工業的規模、肉類運輸銷售以及儲存等方面的發展水準有密切的關係。由於肉類屠宰加工的數量之巨，往往成爲中央政府的又一項重要稅源。"今天下稅務豬羊。凡屠宰者，皆須日負載，入務收稅"。❼至於四川"永康郡計，至專仰羊稅"。❽那

---

❷　《宋會要輯稿・職官》，二十一之三。
❸　《宋會要輯稿・方域》，四之十。
❹　〔宋〕洪邁：《夷堅志・夷堅支丁》，卷六。
❺　〔宋〕吳自牧：《夢粱錄》，卷十六。
❻　〔宋〕洪邁：《夷堅志・夷堅三支辛》，卷六。
❼　《續資治通鑑長篇》，卷四百九十。
❽　〔宋〕范成大：《吳船錄》，卷上。

就更爲突出了。

屠宰加工工藝技術水準的提高，也是唐宋時期屠宰加工業發展的一個重要方面。屠宰加工工藝技術牽涉範圍較廣，這裏著重討論的是當時屠宰加工的基本生產流程和技術特徵。一般可分爲肉類原料的粗加工與細加工兩個方面。

肉類原料粗加工，主要是指整個牲畜屠宰的加工過程。當時的技術分工作業越來越細。首先是對牲畜進行刺殺放血。"唐總章咸亨中，京師有屠人，積代相傳爲業，因病遂死。乃被衆羊懸之，一如殺羊法，兩羊捉手，諸羊捉腳，一羊持刀刺頸，出血數斗，乃死"。❹這一傳說故事反映了唐代刺殺放血的屠宰加工過程。宋代，"德清民鄭八，酷於屠牛，每行刃時，先刺其頸，血從中傾注數斗"。❺接著是對放血已死的牲畜進行熱煮，目的是退毛剝皮，因熱水浸泡能使畜體毛孔充分張開，易於刮除。"唐顯慶三年，徐州爲晉州刺史，有屠兒在市東巷，殺一豬命斷，湯燖皮毛並落"。❺又宋代，"桐廬人畜二牛，一牯一犢，同日鬻之。農者取其犢而屠□□□其牯。……。屠者夜具湯鑊，且將烹犢。聞戶外牛鳴甚急，牯應之亦急。……。促點火視，則被農向所買犢也。排戶而入，跳躑母旁，牯亦連舔其頸。屠雖悍忍，惕然動心，反湯滅火而寢"。❺動物畜體經過熱處理退毛剝皮後，再把頭蹄及內臟分割出來。唐代，有人以牛頭治病救人。"徑詣

---

❹　《太平廣記》，卷一百三十二。

❺　〔宋〕洪邁：《夷堅志·夷堅三志辛》，卷一。

❺　《太平廣記》，卷四百三十九。

❺　〔宋〕洪邁：《夷堅志·夷堅三志己》，卷十。

東市肉行，以善價取之，將牛頭而至"。❸或"王縉飲酒，非鴨肝豬肚，筋輒不舉"。❹宋代，"鄱陽石頭鎮汪三，常以宰牛爲務。……將如日常煮肉與肚臟，就門上掇出售，以掛頭蹄於房內"。❺南宋臨安風俗，小孩出生二十一日名曰"三臘"，"女家與親朋俱送膳食，如豬腰肚蹄腳之物"。❻最後是分割肉類的"胴體"。唐代敦煌壁畫"屠房"形象地描寫了當時屠夫屠宰分割羊肉的情況。❼屠夫面前的一張案桌上擺滿了宰割成塊的肉塊，對面一張案桌上則滿著一隻已去頭的羊體，兩張案桌之間是一隻緊縛四肢待宰的羔羊，而內房則晾掛滿新鮮淋漓的羊腿肉。基本上表現了當時屠宰加工的全過程。加工完畢後的畜體，還需進行晾掛。一方面使肉溫自然晾冷，另一方面肉類本身要進行必要的生物化學變化，俗稱排酸作用，變化時產生的熱量也在晾掛時一併散發。由其屠宰加工的大致工藝流程可知，唐宋屠宰加工工藝技術已達到較爲完善和高級的水平，基本技術要求和加工流程已與近世所差無幾。

　　唐宋時期的屠宰加工業，在細加工方面也有較高的水平。肉類的細加工是在牲畜屠宰進行粗加工完成後的基礎上進行。屠家爲了方便購買者肉類食品選購，通常把牲畜胴體按筋肉組織和骨骼組織的不同部份分割成若干塊。如南宋臨安肉鋪。"案前操刀

---

❸　〔唐〕康駢：《劇談錄》，卷上。

❹　〔唐〕馮贄：《雲仙雜記》，卷五。

❺　〔宋〕洪邁：《夷堅志·夷堅三支壬》，卷十。

❻　〔宋〕吳自牧：《夢粱錄》，卷二十。

❼　可參閱《文物參考資料》，一九五六年二期，封二。

者五七人，主顧從便索喚劘切。且如豬肉名件，或細抹落索兒精、鈍刀丁頭肉、條攛精、攛燥子肉、燒豬煎肝肉、膂肉、盦蔗肉。骨頭亦有數名件，曰雙條骨、三層骨、浮筋骨、脊齪骨、毬杖骨、蘇骨、寸金骨、棒子、蹄子、腦頭大骨等。肉市上紛紛，賣者聽其分寸，略無錯誤"。❸反映了肉類細加工也具有較高水平。而且還能根據烹調的具體要求，作進一步的加工，以便使肉類原料的形狀與質量更加符合烹飪的需要。如此則需要更細膩的刀工技術。唐代段成式《酉陽雜俎》曾載"進士段碩嘗識南孝廉者，善斫膾，縠薄絲縷，輕可吹起，操刀響捷，若合節奏"。可謂出神入化。宋代不僅繼承前代高超的刀工技術，而且刀法也更爲全面複雜。肉類原料的烹調形狀能切成片、絲、丁、條、塊、末、茸等多種食用樣式。北宋東京屠宰店，"列三五人操刀，生熟肉從便索喚，闊切、片批、細末、頓刀之類"。❺並多次出現了"旋切"刀法，其難度更大。反映了唐宋時期的屠宰加工已經從單純的原料粗加工發展到原料細加工緊密結合，屠宰加工工藝技術更趨全面、複雜與高超。

三　屠宰加工經營之特色

中國封建社會自然經濟，社會分工不甚發展，以一家一戶爲主的生產單位，男耕女織，閉關自守，很少與外界取得經濟上的聯系。在中國古代封建社會前期表現得尤爲徹底。《漢書·龔遂傳》所載渤海太守龔遂，"勸民務農桑，令口種一樹榆，百本薤，

---

❸　〔宋〕吳自牧：《夢粱錄》，卷十六。

❺　〔宋〕孟元老：《東京夢華錄》，卷四。

五十本蔥，一畦韭，家二母彘、五雞"。魏晉南北朝地主的治家原則，也是以自給自足爲訓。《顏氏家訓•治家篇》有謂："生民之本，要當稼穡而食，桑麻以衣。蔬果之畜，園場之所產；雞豚之善，塒圈之所生；爰及棟宇、器械、樵蘇、脂燭，莫非種植之物也。至能守其業者，閉門而生之具以足"。在嚴密的自然經濟統治下，屠宰加工業也只能是屬於家內勞動的一種副業形式，以滿足個體家庭與地主莊園內部的供需，肉類很少投入到商品交換市場。直到唐宋時期開始出現了明顯的變化，在商品經濟的直接衝擊下，封閉式的自然經濟根基開始發生動搖，屠宰加工與經營的發展也不例外。商品經濟越是發展，人們對於商業市場的依賴程度就越高。特別是都市城鎮人口，他們即使家內舉炊，也多從市場上購買糧食、蔬菜、肉類。進一步刺激了肉類消費的商品化程度，屠宰加工與經營也逐步發展成爲重要的商業形態。唐代規定："工作貿易者爲工，屠沽與販者爲商"。"工商皆爲家專其業"。❻當時專職從事屠宰加工經營，目的是爲市場提供商品。唐宋時期的屠宰加工經營，其商品化發展的廣度與深度，均遠勝於以往各朝，具有明顯的商品經濟特點。

(1) 分工獨立

唐宋時期的屠宰加工經營多是以一個家庭爲單位獨立進行。這與嚴格的封建自然經濟下一家一戶的生產單位在性質上有明顯區別。因爲嚴格自然經濟條件下的家庭生產，世代經營農業，農業與手工業緊密結合，屠宰加工往往是作爲個體家庭的副業，很

---

❻　《唐六典》，卷三。

少和商品交換市場發生聯系。而唐宋時期屠宰加工經營則是社會分工的產物，由個體家庭獨立進行，他們基本上已與農業分離，主要是與商品交換市場發生聯系，社會化商品化程度較高。唐宋屠宰加工家庭專業化，從縱的方面主要是父傳子接，世代相傳。唐代邠州，“有民姓安者，世爲屠業”。❻宋代，鄱陽石門“屠者羊六，以宰羊爲生累世矣”。❻福州，“羊屠家兒，年十六歲，……。不肯學父業，父母謂之曰：‘汝已成長，當學世業爲活，爲養親之計’”。❻橫的方面則是夫妻經營，兄弟相幫。宋代臨安，“赤山居民李三，屠家也。養一豬甚肥脂，與妻議，欲趁冬至前宰殺，克應人家時節使用”。於是夫妻聯手作業，“其日烹臠，人爭置肉，頃刻而盡”。❻而兄弟相幫，《太平廣記》卷四百三十九“劉胡”條亦可作參考。其謂：“後魏植貨里，有太常民劉胡兄弟四人以屠爲業”。家庭內部成員從農業中完全分離出來，形成屠宰加工經營的個體專業戶，成爲世代相傳的小商品生產者，生產經營性質開始了從自然經濟向商品經濟轉變的歷史過程。

(2)　貨幣交換

唐宋時期的屠宰加工經營作爲商業形態的一個重要組成部份，其經營的目的主要是爲了增殖貨幣，從中獲利。在當時封建

---

❻　《太平廣記》，卷四百三十九。
❻　〔宋〕洪邁：《夷堅志•夷堅三志己》，卷十。
❻　〔宋〕洪邁：《夷堅志•夷堅丙志》，卷十三。
❻　〔宋〕洪邁：《夷堅志•夷堅三志辛》，卷十。

社會自然經濟仍佔統治地位的歷史條件下，增殖貨幣的手段主要是依靠賤買貴賣。屠宰加工經營因此而獲利致富。宋代，"恩州民張氏以屠牛致富"。⑥餘干屠者王生，"擅其利數世，每將殺一豕，必先注水沃灌，使若充肥，因可剩獲利"。⑥在較高級的商品流通中，商品生產者與消費者之間無法相互聯系與了解，生產者無法了解消費者的具體需要，也不可能把商品直接送到消費者手中，而消費者也無法精確地了解商品生產費用和勞動時間，這樣作爲商業資本就可以在賤買貴賣的不等價交換中獲取利潤。時人謂："肉市、麵市，皆與細民爭利"。⑥道理正在於此。

　　唐宋時期的屠宰加工經營，在牲畜的購入與肉類的銷售主要是以貨幣作爲文換流通手段。牲畜購入方面，則有兩種貨幣交換形式。一種是屠宰加工經營者直接從生產者手中以貨幣購入家畜，以備屠宰。唐代宜春郡，"東安仁鎮有齊覺寺"，寺僧於街市賣牛，"屠者數輩，皆酹價八百"。⑥宋代，壽春民姜七家中養豬，"喚王屠執縛去，宰殺取錢"。⑥一種是通過"牙人"中間轉販，在畜類交易市場中以貨幣購入。唐龍朔元年，"懷州有人至潞州市豬至懷州賣，有一特豬，潞州三百錢買，將至懷州，賣與屠家，得六百錢"。⑦在中間轉販的過程中獲得利益。宋代，蘭溪有一

---

⑥　〔宋〕洪邁：《夷堅志·夷堅丁志》，卷十六。

⑥　〔宋〕洪邁：《夷堅志·夷堅三志壬》，卷九。

⑥　《續資治通鑑長編》，卷四百九十。

⑥　《太平廣記》，卷一百三十四。

⑥　〔宋〕洪邁：《夷堅志·夷堅三支己》，卷二。

⑦　《太平廣記》，卷四百三十九。

屠者，"曾賒買客牛，客督直甚急，計未能償，潛害客"。❼這裏所謂"客"可能就是作牛羊中間轉販的"牙人"。這是唐宋時期貨幣交換日趨發達在屠宰加工經營方面的歷史產物。肉類銷售方面，也是以貨幣作爲交換。宋代，鄱陽石門屠者羊六，"是日將暮，市戶蔡三遣僕齎錢來買羊一脾，並須肝肺，適盤上肉已盡，但有老雄羊一只，欲殺而售與之"。❼貨幣交換使屠宰加工者不但能以賤買貴賣獲得利潤，而且還根據銷售高峰期，囤積居奇，擡高市價。盡可能獲得更大利益。如屠宰加工者常根據節令，大量屠宰牲畜，以適應社會生活之需。或有些地區，在冬至前宰殺牲畜，"比之常日，可贏得千百錢"。❼貨幣是商品經濟的伴侶，商品經濟發展同時，貨幣交換也必然日趨頻繁。因爲商品經濟包括商品生產和商業，而商業的發展乃是商品生產的發展前提。只有具備充足便利的交換媒介作爲流通手段時，商業的發展才有可能。唐宋時期屠宰加工經營經常地主要地以貨幣作爲交換流通手段，顯示了較高的商業水平。

(3) 屠畜兼營

唐宋時期的屠宰加工經營，屠畜兼營是一重要特色。屠畜兼營，是指動物牲畜屠宰前，先將其飼養管理一段時間，以保持牲畜的健康狀況，提高畜類屠宰前的合格率，減少死亡率及急宰，保證肉類供應之數量和質量。同時也能在肉類銷量高峰時，諸如節令、祭祀期間，可以大批抛出市場，贏得更大利潤。如冬至，

---

❼　〔宋〕洪邁：《夷堅志•夷堅丙志》，卷五。

❼❼　〔宋〕洪邁：《夷堅志•夷堅三志辛》，卷十。

俗，舉行典禮，四方則之爲師，最是冬至歲節，士庶所重。如餽
北宋 "京師最重此節，雖至貧者，一年之間，積累假借，至此日
更易新衣，備辦飲食，享祀祖先"。❼❹南宋臨安，"大抵杭都風
送節儀，及舉盃相慶，祭享宗禋，加於常節"。❼❺所以屠畜兼營，
既可以保證節令飲食市場的活躍，滿足城鄉居民的消費。於屠宰
加工經營者自然利倍增收。唐洛陽人朱化，"貞元初，西行抵邠
寧，迴易其羊。有一人見化謂曰：'君市羊求利，當求豐贍。君
見羊之小者，以爲不可易也，殊不知小者不久而大也，自小而易，
及貨而大，其利不易博乎？易之大者，其羊必少，易之小者，其
羊必多。羊多則利厚也，羊少則利寡也'。代然之"。❼❻從商業
角度乃是以小博大，一本萬利。這就是屠畜兼營的獲利捷徑。因
此，唐宋時期屠畜兼營漸加普遍。宋淳熙年間，"隆興進賢縣舒
致政以生羊饋府事商德正，留家旬日，送往塔園豢。明年夏，貨
之於屠者孔生，木於東湖旁，至初冬，將殺之"。❼❼或河南 "洛
西永寧一屠肆，豢豬數十頭。一日子弟問屠伯，當宰何豬，屠伯
攀園指示"。❼❽又有 "平江屠者賈循，以貨羣爲業，常豢飼數十
頭，每夕宰其一，迨旦，持出鬻於市。吳地少此物，率一斤直一
錢一千，人皆爭置，移時而盡。凡二十年，贏得頗多"。❼❾可見

---

❼❹ 〔宋〕孟元老：《東京夢華錄》，卷十。

❼❺ 〔宋〕吳自牧：《夢梁錄》，卷六。

❼❻ 《太平廣記》，卷一百三十三。

❼❼ 〔宋〕洪邁：《夷堅志‧夷堅支庚》，卷二。

❼❽ 〔金〕元好問：《續夷堅志》，卷三。

❼❾ 〔宋〕洪邁：《夷堅志‧夷堅支庚》，卷二。

唐宋時期屠畜兼營之風盛。它既是屠宰加工經營發展的特色，也
是經營獲利的又一重要手段。

(4) 雙軌經銷

唐宋時期，屠宰加工經營的所謂雙軌經銷，是指肉類經銷以
固定經營與流動經營雙重結合的形式進行。

固定經營，是屠宰加工行業內部日趨於細所出現的販賣經銷
形式。主要集中在大都市鎮的商業中心。指那些固定經銷肉類批
賣的諸如"肉鋪"、"肉案"一類的營業點。一般是在市郊通過
若干途徑購入肉類原料，然後在城市內部銷賣贏利。宋代，"台
州近城三十里有小寺，"亦日經山，路口有屠者童七，累世以刺
豕爲業，每歲不啻千數，又轉販於城市中，專用以肥其家"。❽
固定經營的肉鋪，其資本較爲雄厚，經銷量非常之大。南宋臨安
肉鋪，"每日各鋪懸掛成邊豬，不下十餘邊，如冬年兩節，各鋪
日賣數十邊"。❽而且經銷品種日益增多，兼有肉類成品或半成
品的加工經營性質。一般曉賣新鮮上肉，至晚則把剩餘的肉質較
次的肉類與內臟等，處理成熟肉，以廉價出售，薄利多銷。北宋
東京肉行，"至晚即有燠爆熟食上市，凡買物不上數錢得者是
數"。❽南宋臨安肉鋪，"至飯前，所掛肉骨已盡矣，蓋人烟稠
密，食之者衆故也。更待日午，各鋪又市燠臛熟食：頭、蹄、肝、
肺四件，雜燠蹄爪事件，紅白燠肉等"。此類固定經營的肉鋪，

---

❽　〔宋〕洪邁：《夷堅志·夷堅支景》，卷二。

❽　〔宋〕吳自牧：《夢粱錄》，卷十六。

❽　〔宋〕孟元老：《東京夢華錄》，卷四。

由於採取了多種合理的經營方式，所以生意十分興隆，“其街坊肉鋪，各自作坊，屠宰貨賣矣。或遇婚姻日，及府第富家大席，華筵數十處，欲收市腰肚，頃刻並皆辦集，從不勞力”。❽

流動經營，是指在人口稠密的都市中，出現一些沿街叫賣販銷肉類的那些小商小販。其時也甚爲普遍。有兩點表現較突出。一是經銷販賣多以肉類成品或半成品爲主。北宋東京東角樓街巷，“其下每日自五更市合，買賣衣物書畫珍玩犀玉。至平明，羊頭、肚肺、赤白腰子、嬭房、肚肫、鶉兔、鳩鴿、野味、螃蟹、蛤蜊之類訖，方有諸手作人上市買賣零碎作料”。❽又馬行街夜市，“亦有燋酸䗶、豬胰、胡餅、和菜餅、獾兒、野狐肉、果木翹羹、灌腸、香糖果子之類”。❽南宋臨安也盛行小商販盤街叫賣生熟豬羊肉及雞、鴨、鵝等。❽二是這類流動經營者的商業資本較小，和那些固定經營的肉鋪或屠畜兼營的屠肆已不可同論。宋代，鄂州有哮張二者，“以屠爲業，壯勇負氣”，從事肉類流動經銷，“問何以不作區肆而行賈僕僕，張曰：‘非不能之，但赤手乏本耳’”。❽他們只能在資本雄厚的固定經營點或規模較大的屠肆中批發若干肉類製品，沿街叫賣。“臨安宰豬，但一大屠爲之長，每五鼓擊殺於作坊，須割裂既竟，然後眾屠兒分挈而去”。❽他

---

❽ 〔宋〕吳自牧：《夢粱錄》，卷十六。

❽ 〔宋〕孟元老：《東京夢華錄》，卷二。

❽ 〔宋〕孟元老：《東京夢華錄》，卷三。

❽ 〔宋〕吳自牧：《夢粱錄》，卷十三。

❽ 〔宋〕洪邁：《夷堅志・夷堅支甲》，卷八。

❽ 〔宋〕洪邁：《夷堅志・夷堅丁志》，卷九。

們作爲城市肉類屠宰經銷的一個補充形式，特別適應下層及近郊民衆的需求。

　　唐宋時期，屠宰加工經營雙軌經銷，表現了商業市場內部分工的發展，隨著城鄉物質生活水平的提高，不同需求的選擇性進一步加強，客觀上要求社會生產進一步分工，包括作爲再生產過程中介的商業內部分工。唐宋時期屠宰加工經營內部經銷形式的不同也說明了這一點。

　　從唐宋屠宰加工經營的若干特色可知，當時的屠宰加工經營已經成爲兼備飼畜、屠宰、販銷等一系列生產與交換過程的綜合性行業，表明了唐宋時期的屠宰加工業，既不屬於自然經濟下農村的家庭副業，也不是一種處於較低水平的純粹的販運性商業。其商業與生產已經出現了必然有機的聯系，商業已經成爲生產過程的一個組成部份或必經階段。換言之，屠宰加工的生產過程與流通過程彼此聯系，生產物以其自身運動形成了商業。反映了唐宋時期屠宰加工經營商業水平的發展高度。只是由於當時封建社會自然經濟仍佔支配主導地位。所以儘管屠宰加工業在發展過程中不斷再生產出商業利潤，但其商業活動的天地畢竟有很大局限，因而缺乏商業資本無限積累的條件。生產積累的商業資本最終也只能轉向土地。如宋代，有"王生擅其（屠）利數世，…。王有七子，積貲不勝多，至於買田作室"。❽那些以屠宰加工經營致富的商人也只能根據"以末致財，以本守之"的原則，以利潤購買土地，使部份商業利潤地租化。說明了唐宋時期社會分工的水平與商品生產的規模仍有一定的局限性，不具備商品生產進一步

---

❽　〔宋〕洪邁：《夷堅志•夷堅三志壬》，卷九。

發展的條件。所以唐宋屠宰加工業和其它工商行業一樣，最終還不能在質的方面有更深入的突破，屠宰加工業仍然是封建政府稅收的一個重要來源。但唐宋時期的屠宰加工業始終還是顯示了商品經濟的發展前景，擴大了封建自然經濟的不嚴密性，反映了中國古代社會內部已經開始出現了新的因素與轉向。

第八章　唐宋釀酒工藝與生產

　　中國古代的釀酒具有漫長而光輝的歷史。特別是首創發明製麴釀酒技術，在相當長的歷史時期一直居於世界先進地位。言中國古代釀酒業，製麴釀酒工藝技術乃是必不可少的重要內容和發展標誌。

　　酒，是碳水化合物經過酒精發酵而形成的，在用含澱粉的原料釀酒，需先經過糖化過程，然後再經過酒精發酵的酒化過程。在釀酒的工藝生產中，糖化和酒化是兩個重要的過程。而製麴釀酒，就是以含澱粉的穀物等為原料，在上面培養出豐富的霉菌和酵母菌，這就是所謂"麴"，在麴裏面所含有大量的霉菌和酵母菌，在其生長發育中，能分泌出糖化酶和酒化酶，把麴放在水中浸泡或加入未長霉的穀物原料中便會成為酒。製麴釀酒把穀物釀酒糖化和酒化的過程合二為一，是中國古代釀酒業的一項重大而先進的發明。其基本工藝生產原理一直為後代乃至於近現代的釀酒生產所繼承沿用，顯示了古代中國製麴釀酒工藝生產技術所具有的悠久科學生命力。

　　古代製麴釀酒工藝技術是從低級到高級不斷發展。漢代以前主要是麴糵並用時期。糵一般是指穀芽或麥芽，用以充作釀酒的糖化劑，而麴則充當酵母。這種麴糵並用的釀酒方法至漢代出現了重大變革，開始直接以未經發芽糖化的穀物作為原料，以麴代糵、單獨用麴菌進行釀酒工藝生產。一方面，麴作為糖化劑是利用多種麴菌中的糖化酶，把澱粉水解成發酵單糖，便於酵母利用，有利於產酒。現代微生物生化實驗也說明了麴菌糖化率一般較麥芽糖化率高；另一方面，麴菌可水解澱粉，凡是含澱粉的物質均可作爲釀酒原料，爲釀酒原料利用的擴大提供了廣闊的前景。漢以後單獨製麴釀酒的工藝技術不斷發展，逐步形成了中國古代釀酒的定型體系，爲世界釀酒業作出了重大貢獻。唐宋時期釀酒工藝與生產，正是在前人的基礎上，不斷創新，不斷進步，不斷發展。

一　造麴工藝技術

　　唐宋時期，釀酒工藝與生產的發展，首先表現在造麴工藝技術上。當時出現了一些論述製麴釀酒的論著。特別是宋代朱肱所著的《北山酒經》更是一部繼北魏賈思勰《齊民要術》之後最有價值的釀造著作。從有關唐宋時期的釀酒論著及其它資料中所反映的釀酒水平，表明了當時的造麴技術無論在理論上或工藝技術上均比前代有所發展突破。

　　唐宋時期，釀酒製作中的發酵概念已日漸明確，並且對已往一些錯誤的發酵概念進行了駁正。正如宋人朱肱《北山酒經》中所指出：“北人不用酵，只用案水，謂之信水，然信水非酵也”。“凡醞不用酵即酒難發醅，來遲則腳不正”。“正發的醅爲酵最妙”。而“麴力”、“酵力”的提法更是發酵動態的形象描述。在正確理解發酵的基礎上，在發酵的應用方法上也記錄補充了一些重要的工藝處理技術。如乾酵的製備，“用酒甕正發醅，擎取面上浮米糝，控乾用麴來拌，令濕勻透，風陰乾，謂之乾酵”。實際上是在發酵旺盛的酒醅中，製取乾酵母菌。這樣可以令酵母菌保存更長的時間。在發酵的控制上也提出了新的方法。當發酵醪液較爲激烈之時，"急傾少生油入釜中，其沸自止"。這樣可以保證發酵的順利進行，避免污染。即使是現在，這些經驗還是符合發酵工業要求的。在製麴原料處理和操作上也有新的發展，如製麴的麥粉、米粉已明確是用生的，而不像《齊民要術》記載的那樣，需要蒸煮或炒熟。培麴方法上已能把老麴接在新麴外面，可以加快麴種生長速度，防止進一步污染。這樣在製麴過程中就不用強調做麴季節，更爲簡單易行，這是一種優異的"接種"方式。

隨著製麴理論的進一步完善提高，酒麴製作的品種也更爲多樣化。宋人朱肱《北山酒經》就記載了十三種製麴方法。而且分爲"罨麴"、"風麴"、"醲麴"三大類。"罨麴"是在密室中以草葉掩覆成麴，而"風麴"、"醲麴"均是懸掛在通風之處陰乾之。三類的麴都加入了若干味中藥料，分別記述了藥料的名稱。如川芎、白附子、胡椒、丁香、木香、桂花、杏仁、天南星、茯苓、黑附子、川烏頭、甘草、生薑等，與近代藥麴的藥料基本相同。最值得注意的是，唐宋時期已經發展和應用紅麴。紅麴的霉菌是紅麴霉，是一種耐高溫、糖化力強又有酒精發酵力的菌種。紅麴需要在高溫之下才比較容易繁殖，一般情況下容易被其他菌類所抑制，培養基的要求也有所不同。所以紅麴的製作需要掌握較爲先進的培養技術，反映了唐宋時期造麴工藝技術的發展高度。宋人陳元靚《事林廣記》中就詳細記述了紅麴的製作方法。而且當時已把紅麴應用在釀酒業上。唐詩有云："琉璃鍾，琥珀濃，小糟酒滴眞珠紅"。[1]或："相逢多是醉醺然，應有囊中小母錢。

---

[1]　《全唐詩》，卷三百九十三，李賀：〈將進酒〉。

有與欲沽紅麯酒，無人同上翠簾樓”。❷宋人也有利用紅麯“曬乾造酒用”。❸表明了唐宋時期紅麯製作以及在釀酒生產中的應用日趨普遍。

唐宋時期，不但酒麯的品種不斷增加，而且酒麯的質量也有一定程度的提高。表現在用麯量日趨減少。據《漢書·食貨志》記載，漢代“一釀用粗米兩斛，麯一斛，得成酒六斛六斗”。用麯量爲百分之五十。魏晉時期，釀酒用麯量開始較大幅度下降。據《齊民要術》卷七記載，用發酵力強的神麯一斗可釀米三石，質量較差的笨麯，也一斗可釀六斗，用麯量分別爲百分之三點三和百分之十六點六。唐代用法麯釀酒，“第一年一斗米用麯八兩，二年一斗米用麯四兩，第三年一石米用麯一斤”。❹用麯量分別爲百分之四點二、百分之二點一和不到百分之一。宋人朱肱《北山酒經》也幾處提及用麯量。如小酒麯，“每造酒一斗用四兩”。用麯量約爲百分之二點一。又“冷泉酒法”，每糯米五斗，用麯二十兩，用麯量不到百之二。而宋人蘇軾《東坡酒經》中介紹，一斤麯可造酒五斗，❺用麯量約爲百分之一點六左右。儘管唐宋時期酒麯品種多樣，釀酒生產中用麯量也不盡相同，然用麯量均顯示了較高的水平。用麯量的下降說明了酒麯中霉菌和酵母菌的純度有了更大的提高，進一步增強了酒麯對原料的糖化與酒化能力。這是唐宋時期造麯工藝技術發展提高的重要標誌。

---

❷ 《全唐詩》，卷六百九十五，褚載：〈句〉。
❸ 〔宋〕陳元靚：《事林廣記》，別集，卷八。
❹ 〔唐〕韓鄂：《四時纂要》，卷三。
❺ 〔宋〕蘇軾：《蘇東坡全集·後集》，卷九。

二　釀造工藝技術

　　唐宋時期,釀酒工藝與生產在釀造技術水平上也有很大進步,最明顯的是酒度數較之前代有較大提高。

　　唐宋以前,古人所釀之酒,其度數相對較低。《漢書·食貨志》所載粗米二斛可得成酒六斛六斗,原料與原料之間的比例高達百分之三百三十。而魏晉時期也有"一石米合得三石酒"之載。❻其比例爲百分之三百。出酒量高,意味著成酒中水份含量高而酒精含量低,這與釀造工藝技術水平有密切關係。唐宋時期,出酒的度數已有較大程度的提高。關於酒度數的提高,唐代尙無明文記載。但唐代飮酒用的碗、盞·杯一類的酒具,形制容量日趨於小。人的飮酒量是有一定限度的,飮酒過度會引起酒精中毒,甚至造成死亡。所以酒具形制、容量的縮小,是否與酒的度數提高有關係,值得研究。而以宋代一些文獻所見,酒的度數提高已經很明顯。宋人沈括對此曾有一番議論。其謂:"漢人有飮酒一石不亂,予以製酒法較之,每粗米二斛,釀成酒六斛六斗。今酒之至醨者,每秫一斛,不過成酒一斛五斗。若如漢法,則粗有酒氣而已,能飮者飮多不亂,宜無足怪"。❼這裏原料與酒之間的比例爲百分之一百五十,顯然較前代記載的比例要低。也有謂:"米五斗爲率,……,熟潤而再釀之,五日壓得斗有半,此吾酒之少勁者也,勁正合爲五斗。又五日而飮,則和而力嚴而猛也"。❽

---

❻　〔北魏〕賈思勰:《齊民要術》,卷七,〈法酒第六十七〉。

❼　〔宋〕沈括:《夢溪筆談》,卷三。

❽　〔宋〕蘇軾:《蘇東坡全集·後集》,卷九,〈東坡酒經〉。

五斗米可得成品酒五斗，比例已爲百分之一百。表明了宋代成品
酒中酒精含量的提高。酒度數的提高反映了唐宋時期釀造工藝技
術的進步。

　　唐宋時期的釀酒生產，在繼承前人合理的釀造工藝技術的基
礎上，不斷有所創新與改進。如在釀造過程中，繼續沿用前代連
續投料的方法，把釀酒用的原料分批加入，這樣能使酵母菌不斷
獲得新的營養，始終能保持旺盛的發酵能力，有利於提高出酒率
和保證出酒的質量。正如宋人朱肱《北山酒經》中所言：“酒以
投多爲善，要在麴力相及”。連續投料的釀造方法在唐宋文獻中
不乏記載，而在有些方面已經超過前人的水平。例如在遞投原料
的次數漸趨減少。東漢曹操時期的所謂“九醞酒”，便是九次遞
加原料所釀成的。《齊民要術》記載的釀酒法也有三投、五投、
七投之法。唐宋時期也曾出現五次遞投原料而釀成的酒。如“五
酘酒”，“白居易守洛時，有《謝李蘇州寄五酘酒》詩。今里人
釀酒，麴米與漿水已入公甕。翌日，又以米投之，有至一再投者，
謂之酘。其酒則清冽異常，今謂之五酘耶！” ❾但當時的釀酒則
以三次投料爲普遍。唐代所釀“鹿骨酒”。“取如常水浸麴，投
糯米二石，分爲三、四次酘。候熟，壓取飲之”。❿又宋代，“米
五斗以爲率，爲三斗者一，爲五升者四。三斗者以釀，五升者以
投，三投而止”。⓫按照現代釀酒工藝的經驗總結，遞投原料以
三次左右爲宜，並非越多越好。說明了唐宋時期，在連續投料的

❾　〔宋〕范成大：《吳郡志》，卷二十九。
❿　〔唐〕韓鄂：《四時纂要》，卷五。
⓫　〔宋〕蘇軾：《蘇東坡全集‧後集》，卷九，〈東坡酒經〉。

釀造工藝技術方法上已有新的認識與改進。而有些釀酒工藝生產中的處理方法更是發前人所未發。如造酒前調造酸漿，即謂"臥漿"。當時一般是在三伏天把小麥煮成稀粥，放甕內使酸，每日添加熟麵湯或米湯，最後成為酸漿水。利用酸漿水，可調節醪液酸度，保障發酵的安全進行。"造酒最在漿，其漿不可才酸便用，須是味重。酘米偷酸，全在於酸。大法，漿不酸即不可醞酒，蓋造酒以漿為祖"。而且還要注意漿水的酸度。"如漿酸，亦須約分數以水解之。漿味淡即更釀醋，要之湯米。漿以酸美為十分，若用九分味酸者，則每漿九斗入水一斗解之。餘皆效此"。❷這種用加酸漿來調節發酵液的酸度，是十分科學和先進的工藝技術方法。說明了當時已經掌握了酵母菌生長繁殖與環境條件的關係和規律，開創了近代釀酒與酒精工業用乳酸調節酒母醪液酸度來保護酵母和抑制雜菌繁殖的先河。而且還開始利用石灰除酸，以防止發酵醪的酸敗。"二浙造酒，皆用石灰。云無之則不清……每醅一石，用石灰九兩。以樸木先燒石灰令赤，並木灰皆冷，投醅中，私務用尤多"。❸石灰漿的添加量不超過千分之五，相對還是較為合理。最後在釀酒的生產中還增加煎酒工序。大體上是把成酒"置在甑中，然後發火候甑簞上酒香透，酒溢出倒流，便揭起甑蓋，取一瓶開看。酒滾即熟矣，即住火"。❹煎煮成酒，可以通過加熱將生酒中的微生物殺死和破壞殘存的酶，以固定成品酒的特有成份，防止成品酒發生酸壞。而且還可以促進成品酒

---

❷　〔宋〕朱肱：《北山酒經》，卷下。

❸　〔宋〕莊綽：《雞肋編》，卷下。

❹　〔宋〕朱肱：《北山酒經》，卷下。

的老熟和部份溶解的蛋白質凝結，使黃酒色澤清亮透明。顯示了唐宋時期先進的釀造工藝技術水平。

三 釀酒產銷與酒類品種

唐宋時期，釀酒工藝技術和生產的發展提高，還表現在成酒產銷量之大和酒類品種的增加。

唐宋時期，在社會生活當中，酒類的消費十分巨大，酒類應用方面與場合更爲廣泛，酒已經滲透在社會生活的衆多方面。除了通常一般的宴飲及其它民事之需，酒類開始大量消費在醫學與烹飪製作上，更是前代少見。

酒類醫用，主要有兩方面的內容。一是在飲食療法的過程中，利用酒之行血之功伴藥服用，以加大和加速藥物之效果。如“地黃煎”，“每日空心，暖酒調一匙頭飲之，甘美而補虛，益顏色，髮白變黑，充健不極”。[15]又“小茴香”，“生搗莖葉汁一合，投熱酒一合，服之治卒腎氣衝脅、如刀割痛，喘息不得。亦甚理小腸氣”。[16]又“麥門多煎”，“每服，以溫酒調半匙服之”。[17]諸如此類，不勝枚舉。二是開始大量配製藥酒，以療疾養身。如枸杞子酒，“補虛長肌肉，益顏色，服健延年”，“用枸杞子二升，好酒二斗，搦碎，浸七日，漉去滓，日飲三合”。[18]宋人王懷隱《太平聖惠方》卷九十五就專門列有“藥酒方”，詳細記述

---

[15] 〔唐〕韓鄂：《四時纂要》，卷五。

[16] 〔唐〕孟詵、張鼎：《食療本草》，卷上。

[17] 〔宋〕王懷隱：《太平聖惠方》，卷九十五，〈藥酒〉。

[18] 〔唐〕韓鄂：《四時纂要》，卷五。

了二十三種藥酒的配製方式與功效。其《藥酒序》云："夫酒者，穀藥之精，和養神氣。性惟慓悍，功甚變通。能宣利胃腸，善導引藥勢。今則兼之名草，成彼香醪，莫不採自仙方，備乎藥品，痾恙必滌，效驗可憑"。可見唐宋時期酒類醫用的認識與普及。

烹飪製作上，也開始大量應用酒類作調味品，目的是使主菜除腥去膻，增添脂香。唐代韋巨源《食譜》中就有"暖寒花釀醋蒸"一菜。宋代司膳內人所撰《玉食批》也有"酒醋三腰子"、"浮助酒蟹"、"酒煎羊"、"酒炊淮白魚"、"酒醋肉"等以酒爲名的菜餚。南宋吳自牧《夢粱錄》卷十六所記載的時菜名餚中，以酒入菜餚之名就有十八種，還有以酒淹浸的海味，如酒江瑤、酒鰛鰵等共六種。反映了在烹飪製作中，酒作爲調味品的地位越來越重要。即使今天的四大菜系中，也有不少菜餚是以酒爲主要配料，其盛興當追溯於唐宋時期。

酒類應用與飲用範圍的增加，促進了酒類消費量的上升。與此適應，唐宋時期釀酒生產的規模和產量也不斷擴大。當時酒類生產量頗爲驚人。以宋代爲例，熙寧四年，京師生產的酒麴曾"請減麴額爲二百二十萬斤"。[19]可見當時光是京師東京生產的酒麴，至少超過二百二十萬斤。這些麴若全部流入市場，其產酒量是十分可觀的。雖然種類不同的酒麴，出酒率有高低之別。假如以當時一般用麴量百分之五的水平計算，也可產酒四千四百萬斤。再從釀酒原料的消耗量也可確證當時釀酒生產的規模。熙寧九年二月，"提舉市易司言，在京酒戶歲用糯米三十萬石"。[20]

---

[19]　《宋會要輯稿・食貨》，二十之十。

[20]　《宋會要輯稿・食貨》，二十之九。

以原料和成酒之間以百分之百的比例計算，也可產酒三千六百萬斤，而以其它原料釀酒的產量尚未計算在內。又一次證明了宋代釀酒生產規模之大。於是酒稅便成爲宋代國家財政收入的重要來源。據《宋會要輯稿・食貨》十九的統計，熙寧十年的酒稅收入，除利州路、夔州路、廣南東西路及福建路以外，其它四京十八路，再加上福建建州一州，總計爲一千一百六十四萬貫。而當時夏秋二稅合計總額爲五千二百零一萬多（貫、石、匹、斤、兩……）。㉑由於計量單位不確，難相對比。然作爲參考，酒稅在國家財稅收入中佔有重要地位。

　　另外，釀酒品類的增多也是釀酒工藝和生產發展的一個重要內容。唐宋時期，各地區由於釀酒工藝各有特點，以及地理環境、水土特質之差異，一般都有自己本地區的名牌產品而著稱於世。唐代就已經開始較爲注意各地酒名之紀錄。故宋代竇革《酒譜》有云：“酒之名最古於今，不廢唐人言酒之美者”。唐人李肇《唐國史補》曾記錄了當時各地的不少名酒。其謂：“酒則有郢之富水，烏程之若下，榮陽之土窟春，富平之石凍春，劍南之燒春，河東之乾和蒲萄，嶺南之靈谿、博羅，宜城之九醞，尋陽之涴水，京城之西市腔，蝦蟆陵郎官清、阿婆青”。宋代周密《武林舊事》卷六中“諸色酒名”條，共記有名酒五十四種。而散見於唐宋其它史籍的酒名尚有不少，此處不贅。不同地區名酒輩出，反映了唐宋時期釀酒生產分佈範圍之廣，也說明了釀造方法的多樣性與原料利用的廣泛性，乃是和釀酒工藝生產技術水平提高息息相關。

㉑　梁方仲：《中國歷代戶口、田地、田賦統計》，乙表八，上海人民出版社，一九八一年。

所以，從酒的分類也可顯示當時釀酒生產的發展水平。唐宋時期，酒類品種的劃分大體可分爲若干類別。

首先，從釀酒原料的利用來劃分，可以分爲四大類型。一是穀物類，二是果物類，三是花草植物類，四是動物類。

穀物類釀酒佔有最主要的地位。主要代表了唐宋釀酒工藝和生產的發展水平和方向。當時主要的穀物均可用以釀酒。如糯米，唐人"乾酒"就是以糯米爲原料。❷黍，唐詩有謂："黑黍舂米釀酒飲，青禾割了青牛載"。❷稻米與麥。宋人蘇東坡的"眞一酒"，"米麥水三而已"，"稻垂麥仰陰陽足，器結泉新麥裹清"。❷各種穀物原料的釀造方法各有差異，故"凡醞用秔、稻、粟、黍、麥等及麴法、酒式，皆從水土所異"。❷

果物類釀酒，以葡萄釀酒最爲著名。東漢末期，中原地區就可能已經自釀葡萄酒。發展到唐代，葡萄酒的釀製已達到較高水平。史稱："太宗破高昌，收馬乳薄萄，種於苑，並得酒法，仍自損益，造酒成綠色，芳香酷烈，味兼醍醐"。❷可知葡萄酒釀製已有所改進發展，其酒質也更爲優異。唐宋詩中，葡萄酒之咏不絕於書。"野田生葡萄，纏繞一枝高。……。種此如種玉，釀之成美酒，令人飲不足。爲君持一斗，往取涼州牧"。❷又"洗君鸚鵡杯，酌我葡萄酒"。❷宋代還創造了用葡萄和米混合釀酒

---

❷　〔唐〕韓鄂：《四時纂要》，卷四。

❷　《全唐詩》，卷五百九十三，曹鄴：〈田家効陶〉。

❷　〔宋〕蘇軾：《蘇東坡全集•後集》，卷五，〈眞一酒〉。

❷　《宋史》，卷一百八十五，〈食貨下七〉。

❷　〔宋〕錢易：《南部新書》，丙卷。

❷　《全唐詩》，卷三百五十四，劉禹錫：〈葡萄歌〉。

❷　〔宋〕陸游：《劍南詩稿》，卷五，〈小宴〉。

的方法。❷還有利用其它果物釀酒。如黃柑,有謂:"安定郡王,以黃柑釀酒。謂之洞庭春色。色、香、味三絕"。❸

　　花草植物類。利用花草植物釀酒,唐宋時期十分普遍。唐代"三勒漿",利用訶黎勒、毗黎勒、菴摩勒為原料,"滿三十日即成,味至甘美,飲之醉人,消食下氣"。❸或菊花酒,"九月取菊花曝乾揉碎入米饋中蒸,令熟醞酒"。❸或有利用竹葉釀酒。有云:"楚人汲江水,釀酒古宜城,春風吹酒熟,猶似漢江清"。"惟餘竹葉在,留此千古情"。❸或有桂酒,宋人蘇軾謂:"是桂可以為酒也"。"吾謫居海上,法當數飲酒以禦寒。而嶺南無酒禁,有隱者以桂酒上授吾,釀成而玉色。香味超然,非人間物也"。❸花草植物釀酒,原料廉價,也可節省糧食,頗有社會經濟意義。

　　動物類釀酒,一是利用動物分泌物進行釀製。如蜂蜜,宋蘇軾有云:"眞珠為漿玉為醴,六月田夫汗流泚,不如春甕自生香,蜂為耕耘花作米"。"君不見南園採花蜜似雨,天教釀酒醉先生"。❸二是利用肉類和米釀酒。麑肉,"亦同麋,釀酒"。❸宋代,利用肉類釀酒的工藝方法更有詳細記載。如"羊羔酒","米一石

---

❷　〔宋〕朱肱:《北山酒經》,卷下。

❸　〔宋〕蘇軾:《蘇東坡全集•後集》,卷二,〈洞庭春色〉。

❸　〔唐〕韓鄂:《四時纂要》,卷四。

❸　〔宋〕朱肱:《北山酒經》,卷下。

❸　〔宋〕蘇軾:《蘇東坡全集•續集》,卷一,〈竹葉酒〉。

❸　〔宋〕蘇軾:《蘇東坡全集•後集》,卷八,〈桂酒頌〉。

❸　〔宋〕蘇軾:《蘇東坡全集•前集》,卷十三,〈蜜酒歌〉。

❸　〔唐〕孟詵、張鼎:《食療本草》,卷中。

如常法浸漿，肥羊肉七斤，麴十四兩，將羊肉切作四方塊，爛煮。杏仁一斤同煮，留汁七斗。許伴米飯麴，用木香一兩，同醞母犯水，十日熟，味極甘滑"。❸❼顯得更爲成熟。

此外還有利用其它原料釀製的酒品。如唐代曾出現一種特殊的"鍾乳酒"，主要是利用鍾乳石和其它芝麻、牛膝、五加皮、桂心、防風等各種藥材混合浸酒而成。並具有"主補骨髓、益氣力、逐濕"之功效。❸❽此類利用礦物質釀酒雖說少見，而至少爲古代釀酒原料的利用提供了更充分的資源。

其次，按釀造方法分類，唐宋時期主要有發酵原酒與配製酒二大類。發酵原酒是指原料經過糖化（或不經過糖化）和酒精發酵後，用壓榨過濾使酒和酒糟分離，上文所述穀物、果物等類型的酒品大多是屬於發酵原酒。配製酒，一般是以成品酒，配合一定比例的糖份、芳香原料或中草藥等混和釀製而成。現代釀酒通常是把利用芳香原料配製的酒稱爲露酒，而把利用中草藥配製的酒稱爲藥酒。古代配製酒的歷史相對較晚，一般認爲我國古代，至晚在晉代已開始釀造配製酒。唐宋時期，配製酒的釀造進入興盛時期。出現了品種繁多的配製酒。主要是以藥酒爲主。如"屠蘇酒"，"大黃、蜀椒、桔梗、桂心、防風各半兩，白朮、虎杖各一兩，烏頭半分，右八味，銼，以降囊貯。歲除日薄晚，掛井中，令至泥。正旦出之，和囊浸於酒中"。❸❾又"五加皮酒"，"五加皮細剉一升，以清酒一斗，漬十日"，或"與白朮、地黃各二十斤，細剉，以水一碩五斗，煮取一碩，以漬細麴十斤。黍

---

❸❼〔宋〕陳元靚：《事林廣記》，別集，卷八。

❸❽❸❾〔唐〕韓鄂：《四時纂要》，卷五。

米一碩，淨淘炊熟，都拌和入甕，蓋覆如法。候熱，任性飲之，
不令至醉"。"松葉酒"，"松葉十斤，獨活十兩，麻黃十兩去
節。右都細剉，入生絹袋盛。以酒五斗，入甕密封漬之。春秋七
日，冬十日，夏五日，候日足"。❹從釀製的原料成份搭配、數
量、配製時間等都有詳盡的記錄。反映了唐宋時期配製酒釀製的
技術水準，標誌著古代配製酒的釀造製作已經進入了一個新的歷
史發展階段。

　　還有一類是蒸餾酒。釀酒原料經過糖化和酒精發酵後，通過蒸
餾，使酒與酒糟分離。這類酒一般酒精含量較高，俗稱"燒酒"。
"燒酒"一詞在唐詩中曾有咏及，白居易《荔枝樓對酒》有謂：
"荔枝新熟雞冠色，燒酒初聞琥珀香"。但尚難確定是否與蒸餾
酒相類。或者把當時流行的溫熱酒之法稱之為"燒酒"。但宋代
則完全有可能製作蒸餾酒。相傳為宋人蘇東坡所撰的《物類相感
志》曾載"酒中火焰，以青布拂之自滅"。酒能燃燒，酒精含量
當在百分之五十以上，只有蒸餾酒才有可能達到這樣的水平。南
宋宋慈《洗冤錄》卷四記載了一則毒蛇咬傷的急救方。"令人口
含米醋或燒酒，吮傷以拔其毒，隨吮隨吐，隨換酒醋再吮，俟紅
淡腫消為度"。此處的燒酒應屬於蒸餾酒。因為既然是急救毒蛇
咬傷之人，是不存在把酒溫熱而用的可能，而且作為解毒消毒之
酒，一般是採用度數較高的酒品，非蒸餾酒難為。一九七五年河
北省青龍縣一處金代遺址中，出土了一套完整的銅製蒸餾鍋。高
四十一釐米，由上下兩部份組成。上部是穹隆頂圓桶形的冷卻器，
設有冷卻水道，下部是盛料甑鍋，有鍋腹、匯酒糟、酒流等裝置。

---

❹〔宋〕王懷隱：《太平聖惠方》，卷九十五，〈藥酒〉。

據說承德一家酒店曾用它做實驗，一次蒸餾出燒酒一斤。❹說明了這套製酒工具完全具有實用意義。所以明代李時珍《本草綱目》中所云："燒酒非古法也，自元時始有其法"的觀點似可重新考慮。當然宋代蒸餾酒的工藝生產技術水平尚低，不可能進行大規模生產，在民間飲用酒中不佔地位，可能主要是用於醫用或它用，然作爲釀酒工藝技術，若宋代已出現蒸餾酒，乃於古代釀酒史不啻是一項偉大創舉。

再次，也有按酒的質量高低進行分類。唐詩有云："故人美酒勝濁醪"。❷杜甫《羌村三首》也謂："手中各有携，傾榼濁複清"。宋人陸游《游山西村》詩云："莫笑農家臘酒渾"。可知酒質已有濁酒和清酒之分。清酒是指那些不帶糟的優質酒，時頗重之。唐人李白《行路難》詩中就有"金樽清酒斗十千"之句。

唐宋時期，釀酒工藝與生產在繼承前人的基礎上，開始了新的發展，技術規模等均爲前朝所未及。特別是宋代可能已開始出現蒸餾酒的釀製，在中國古代釀酒發展史上，更具有承上啓下之開創性意義。在世界和中國古代物質文明史上又寫下嶄新的一頁。意義深遠。

❹　朱晟：〈白酒的起源〉，《中國烹飪》，一九八七年四期。

❷　《全唐詩》，卷二百一十四，高適：〈作春酒歌〉。

第九章　唐宋食糖消費與生產

食糖，今天一般是指甘蔗或甜菜的製成品。然而，在古代社會中，實際生活中能滿足人們甜食之需的物質都可以歸爲食糖的範疇，相對來說，古代所謂食糖的消費和生產更爲廣泛。唐宋時期，社會經濟的發展，物質生活水平的提高，飲食生活中食糖的消費量不斷增加，而且食糖生產工藝技術水平的飛躍發展，其食糖的質量更非前代可比。是中國古代食糖消費與生產初具規模，初呈系統的重要時期，基本上奠定了我國古代食糖消費與生產的基本格局，在中國古代經濟文化生活與科技發展史上具有相當地位。

一　食糖的主要生產品類及消費

唐宋時期，食糖消費者不斷增加，如何以多種途徑廣開糖源，乃是當時社會經濟文化生活中又一重要環節。唯有在前人的基礎上，不斷擴大食糖的品類生產，尤其是蔗糖生產和消費的普及發展，更爲飲食生活食糖的需求，開拓了一個新的前景。

唐宋時期食糖消費不斷增加，主要則有以下若干類型。

(1)　飴糖類

飴糖，以糧食爲主要原料。一般是利用植物的種子，在出芽的過程中，如麥芽等，產生糖化酵素，從而能把糧食澱粉水解成糖類。澱粉糖化的飴糖類是古代食糖的重要來源之一，類似現代麥芽糖一類的糖品。飴糖生產，一般 "糯米與粟米作者佳，餘不堪用，蜀黍米亦可造"。❶主要品種則有謂： "小麥淨淘，於甕中浸，令水才淹得著，日中曝之。一日一度著水，腳生，即布於床下席上，厚二寸許。一日一度以水灑之，芽生寸長即曬乾。若要煮白餳，芽與麥身齊，便曬乾，勿令成餅，即不堪矣。若煮黑餳，即待芽青成餅，即以刀子利開，乾之，著餳作虎珀色青，以大麥爲之"。❷其製法及成品色澤各有所異。唐宋時期的飴糖消費，多爲消遣性質。"白樂天詩云： '歲盡後推藍尾酒，辛盤先勸膠牙餳' 。又云： '三杯藍尾酒，一楪膠牙餳' 。……，以餳膠牙，俗亦於歲旦嚼琥珀餳，以驗齒之堅脫"。❸或 "禮部尙書王員外言，昔在金陵又一士子，爲魚鯁所苦，累日不能飮食，忽見賣白餳者，因買食之，頓覺無恙，然後知餳能治魚鯁也"。❹飴糖消費與生產歷史悠久，向爲古代社會飮食生活中常見糖品。唐宋時期，飴糖的消費和生產儘管在新糖類的普及衝擊下有相當程度的下降，但在傳統的飮食習俗中，飴糖尙未也不可能完全退出歷史舞台。

(2) 蜜糖類

蜜糖，是指以轉化糖爲主要成份的蜂蜜。蜂蜜糖之食用古而有之，多利用野生蜂提供自然野生而成的蜜糖。唐宋時期，一方面繼續依賴野生蜂蜜作食品糖源，另一方面，開始逐步向人工養

---

❶ 〔宋〕寇宗奭：《本草衍義》，卷二十。

❷ 〔唐〕韓鄂：《四時纂要》，卷四。

❸ 〔宋〕莊綽：《雞肋編》，卷中。

❹ 〔宋〕龐元英：《文昌雜錄》。

蜂取蜜過渡。這是唐宋食糖消費與生產的重大發展。

　　首先，是野生蜂蜜的利用繼續發展，“（段）成式修行里私第，果園數畝。壬戌年，有蜂如麻子蜂，膠土爲巢於庭前簷，大如雞卵，色正白可愛”。“竹蜜蜂，蜀有竹蜜蜂，好於野竹上結巢，巢大如雞子，有帶，長尺許。巢與蜜並紺色可愛，甘倍於常蜜”。❺或有“崖蜜者，蜂之釀蜜，即峻崖懸寘其巢，使人不可攀取也。而人之用智者伺其巢蜜成熟，用長桿繫木桶度可相及，則以竿刺巢，巢破蜜注桶中，是名崖蜜也”。❻可見當時對野生蜂蜜的利用十分廣泛。山林屋簷，懸崖峭壁，只要能提供糖源的野生蜂蜜，都能通過不同途徑取用之。既然是野生蜂，從自然生態的觀點看來，當然主要是分佈在人煙稀疏的山野密林中，史稱“生武都山谷，河源山谷及諸山中，今川蜀、江南、嶺南皆有之”。❼

　　人工養蜂取蜜，唐宋時期的一些文獻中已有較明確的記載。唐代韓鄂《四時纂要》曾記錄了農家在六月份和八月份需要進行“開蜜”。唐人賈島詩云：“鑿石養蜂休買蜜，坐山秤藥不爭星”。反映了唐代已開始人工養蜂取蜜的歷史事實。宋代人工養蜂更加發展，品種尤多。“食蜜有兩種，一種在山林上作房，一種人家作巢檻收養之，其蜂甚小而微黃，蜜皆濃厚而微黃。又近世宣州有黃連蜜，色黃味小苦，雍洛間有梨花蜜，如凝脂。亳州太清宮有檜花蜜，色小赤。南京柘城縣有何首烏蜜，色更赤，並以蜂採其花作之，各隨其花式，而性之涼亦相近也”。❽表明了人工養

---

❺　〔唐〕段成式：《酉陽雜俎》，前集，卷十七。

❻　〔宋〕程大昌：《演繁露》，卷二。

❼❽〔宋〕唐慎微：《重修政和經史證類備用本草》，卷二十。

蜂取蜜已有更大程度的發展，根據不同地理環境，生產出不同品種的優質蜜糖。

(3) 蔗糖類

　　蔗糖，是利用甘蔗榨汁提純而煉製出來的食糖產品。我國古代，很早就開始種植甘蔗以及利用甘蔗榨汁以作糖品。東漢楊孚《異物志》曾載 "甘蔗，遠近皆有。交趾所產甘蔗特醇好，本末無薄厚，其味至均，圍數寸，長丈餘，頗似竹。斬而食之既甘，迮取汁如餳，名之曰糖。益復珍也，又煎而曝之，即凝而冰，破如磚，其食入口消釋，時人謂之石蜜者也"。晉代稽含《南方草木狀》也謂："諸蔗，一曰甘蔗。交趾所生者，圍數寸，長丈餘，頗似竹。斷而食之甚甘。笮取其汁，曝數日成飴，入口消釋，彼人謂之石蜜。吳孫亮使黃門以銀碗並蓋，就中藏吏取交趾所獻甘蔗餳"。以其製作過程與蔗糖形態觀之，這種蔗糖生產是相當原始的，與後來的蔗糖生產顯然有較大區別。其製作只是通過簡單操作壓取蔗汁，讓其在陽光下自然蒸發，使之濃縮為呈膠狀的糖蜜。生產工藝尚處於低級階段，顯然還不可能生產呈晶體狀的蔗糖。宋人王灼《糖霜譜》云："自古食蔗者始為蔗漿，……。其後為蔗餳"。這與漢晉時期甘蔗利用的發展歷史相為吻合。這種以蔗汁為糖餳、糖蜜的食用方法，唐宋時期仍偶有所見。有謂："糖坊中盜取未煎蔗汁盈碗，啜之，'功德漿'，即此物也"。❾蔗糖生產發展至南北朝時期始有新的突破。梁時代陶弘景《名醫別錄》云："蔗出江東為勝，廬陵亦有好者，廣東一種數年生者。

---

❾　〔宋〕陶穀：《清異錄》。

皆大如竹，長丈餘，取汁爲沙糖，甚益人。"此處已明文爲沙糖，似應與前代生產的蔗糖有別。假如這條材料確實能夠反映當時的歷史情況，那麼至少在南北朝時期的南方地區，已初步掌握了比較完整的甘蔗製糖生產工藝技術。宋人陸游所謂："聞人茂德言，沙糖中國本無之，唐太宗時外國貢至，問其使人：'此何物'？云：'以甘蔗汁煎'。用其法煎成，與外國等。自此中國方有沙糖"。❿看來不太符合歷史情況。至於唐代的確曾引進外國甘蔗製糖技術。⓫也未可以此薄彼。

甘蔗製糖生產，經過不斷發展，在社會生產力提高和中外科技文化交流的基礎上，迎來了唐宋甘蔗製糖的興旺時期。當時主要有三種重要的庶糖產品。"石蜜、沙糖、糖霜皆自此出"。⓬

沙糖，"味甘，⋯⋯。功體與石蜜同，而冷利過之，榨甘蔗汁煎作。蜀地、西戎、江東並有。而江東者，先劣今優"。⓭其"又次石蜜，蔗汁清，故費煎煉"。⓮

石蜜，"味甘，⋯⋯。出益州及西戎，煎煉沙糖爲之，可作餅塊，黃白色"。⓯其生產過程比沙糖更爲複雜，質量也頗優。一般是將沙糖溶化後，或將蔗汁加熱濃縮，再加牛乳煎煉，提去

❿　〔宋〕陸游：《老學庵筆記》，卷六。

⓫　據《新唐書》：卷二百二十一上〈西域上〉載，貞觀二十一年，"太宗遣使取熬糖法，即詔揚州上諸蔗，拃瀋如其劑，色味愈西域甚遠"。

⓬　〔宋〕寇宗奭：《本草衍義》，卷十八。

⓭　〔唐〕蘇敬：《唐新修本草》，卷十七（輯復本），安徽科技出版社，一九八一年。

⓮　〔宋〕寇宗奭：《本草衍義》，卷十八。

⓯　〔唐〕蘇敬：《唐新修本草》，卷十七（輯復本），安徽科技出版社，一九八一年。

雜質而成。"（石蜜）波斯者良。……，蜀川者爲次。今東吳亦有，並不如波斯。此皆是煎甘蔗汁及牛乳汁，煎則細白耳"。⑯也有謂："煉沙糖和牛乳爲石蜜，即乳糖也"。⑰

　　糖霜，類似今天的所謂"冰糖"。糖霜生產最早見之於文字的是蘇軾《過閩州金山寺送遂寧僧》詩，其謂："涪紅與中冷，共此一味水"。冰盤薦琥珀，何似糖霜美"。宋人王灼更有《糖霜譜》一書專論。其謂："糖霜，一名糖冰，福唐、四明、番禺、廣漢、遂寧有之，獨遂寧爲冠"。可知宋代糖霜生產已有較好的基礎和規模。

　　此外，還有個別利用其它原料製糖的記載，唐人馮贄《雲仙雜記》曾載"茅地經冬燒去枝梗，至春取土中餘根白如玉者，搗汁煎之，至甘，可爲洗心糖"。雖爲偶記，從中也可從一個側面，反映了唐宋時期食糖消費利用所具有的廣泛性。

　　唐宋時期，食糖消費的範圍甚廣。首先是大量應用於飲食生活中，古代五味就包括有甜味。在烹飪製作過程中，食糖有除臭解腥與提鮮的作用。合理使用食糖，能使食餚色澤鮮艷，風味別緻。特別是當時大量糕、餅、點心類的食品出現，糖食就更加普遍。而唐以後，蔗糖生產迅速發展，在飲食生活中的地位就更爲重要，而其它飴糖和蜜糖的應用，則越來越居次要地位。或許是與蔗糖易於溶化，更易摻和滲透至食物的特點有關。如"雲英麵"，"藕、菱、芋、雞頭、荸薺、茨菇、百合，並擇淨肉，爛蒸之，風前吹眼少時，石臼中搗極細。入川糖、熟蜜，再搗，令相得，

---

⑯　〔唐〕孟詵、張鼎：《食療本草》，卷上。

⑰　〔宋〕唐慎微：《重修政和經史證類備用本草》，卷二十三。

取出作團。停冷性硬，淨刀隨意切食，糖多爲佳，蜜須合宜，少
過則太稀"。⑱或"玉灌肺"，"眞粉油餅、芝麻、松子，核桃
去皮加蒔蘿少許，白糖、紅麴少許爲末拌和入甑蒸熟，切作肺樣
塊子，用辣汁供"。⑲如此等等，尚有不少類似的記載。蔗糖食
用消費的增大表現了其優越性。

　　其次，食糖還大量應用於食物療法當中。飴糖，"補虛，止
渴，健脾胃氣，去留血，補中。白者，以蔓菁汁煮，頓服之"。
或"主吐血，健脾。凝強者爲良。主打損瘀血，熬令焦，和酒服
之，能下惡血"。⑳或謂飴糖"即餳是也，多食動脾風，今醫家
用以和藥"。㉑石蜜，"和棗肉及巨勝人作末爲丸，每食後含一
丸如李核大，咽之津，潤肺氣，助五藏津"。㉒尤其是蜂蜜糖，
含有大量人體所需的微量元素、鹼性物質和促進某些細胞新生的
物質，而且沒有蔗糖等糖品具有食忌與副作用。所以在飲食療法
中，食糖應用主要是以蜜糖爲主。有謂蜜糖，"主心腹邪氣，諸
驚癇，補五臟不足氣。益中止痛，解毒。能除衆病，和百藥，養
脾氣。除心煩悶，不能飲食"。"又長服之，面如花色，仙方中
甚貴似物"。所以唐宋時期不少醫藥方書，如唐孫思邈《千金要
方》、宋陳直《養老奉親書》、王懷隱《太平聖惠方》等，都大
量以蜂蜜糖和藥物配伍爲方，以行療疾養生之道。飲食療法中的

---

⑱　〔宋〕陶穀：《清異錄》。

⑲　〔宋〕林洪：《山家清供》，卷上。

⑳　〔唐〕孟詵、張鼎：《食療本草》，卷下。

㉑　〔宋〕寇宗奭：《本草衍義》，卷二十。

㉒　〔唐〕孟詵、張鼎：《食療本草》，卷中。

食糖配伍，蜜糖應推首位。

食糖還廣泛應用於食品貯存加工之中，即通常稱之爲蜜餞、果脯一類的糖製品，是以完整果實或塊狀果肉經糖煮或糖漬而成。有謂：“一時之果，品類幾何？惟假蜂、蔗二糖，白鹽，藥物煎、釀、曝、糝，各隨所宜”。㉓說明了食品貯存加工主要是以蜜糖、蔗糖爲主，其加工形式則頗爲多樣。如“煎荔枝”，“荔枝和皮曬一日，頻翻轉令勻，次日取肉，每一斤用白蜜一斤半，於銀石器內慢火煎百十沸，卻以文武火養一日，瓷鉢攤開於日中曬，蜜濃方好”。㉔又“木瓜”，“青色而小，土人劈片爆熟，入香藥貨之，或糖熬，名熬木瓜”。㉕唐宋時期，糖製品食用甚爲普遍，尤其是在城市生活中。正如《東京夢華錄》、《夢粱錄》等反映兩宋都市生活的一類史籍，其所記載的糖製蜜餞、果脯舉不勝舉。說明了糖製品已經成爲當時食品貯存加工的重要方法之一。

唐宋時期，隨著人工養蜂取蜜及蔗糖生產的普及發展，食糖品類更爲豐富，質量日趨保證，所以能爲當時社會飲食文化生活提供較爲充足的糖源，食糖消費更爲廣泛。根據不同品類的食糖，或用於飲食烹飪，或用於飲食療法，或用於食品貯存加工等，食糖消費已經滲透至社會經濟文化生活的各個方面。其食糖消費格局也明顯出現新的發展趨勢。飴糖一類的食糖日漸失去往昔的光輝，只是作爲點綴，偶見於日常的生活中。而蔗糖食用則方興未艾，在社會生活中所佔的地位越來越重要。至於蜂蜜糖，具有滋

㉓ 〔宋〕陶穀：《清異錄》。

㉔ 〔宋〕陳元靚：《事林廣記》，別集，卷七。

㉕ 〔宋〕吳自牧：《夢粱錄》，卷十八。

補強身之功，在飲食療法中的食用價值無與匹敵，在飲食烹飪以及食品貯存加工中仍佔有一席之地。唐宋時期食糖的發展趨勢奠定了以後食糖消費的基本格局，直至今天，這一消費格局，仍不失其重要意義。

二　食糖生產工藝技術的發展

物質生活的提高，不僅需要食糖生產能夠爲社會經濟生活提供充足的糖源，而且食糖的質量也更爲講究，這就要求食糖生產工藝技術能夠不斷有所發展創新，以生產更多質量優異的食糖產品。唐宋時期，在食糖消費的不斷刺激下，食糖生產的工藝技術也不斷取得新的進步。

在唐宋時期的三大類食糖產品中，飴糖類食糖，由於其逐漸失去社會飲食生活中的主要地位，因而在製作技術上並沒有很大突破。如唐代“煎餳法”，“糯米一斗，揀去粳者，淨淘。爛蒸，出置盆中，不少湯，拌令勻，如粥狀。候令如人體，下大麥蘗半升，篩碎如麵，入飯中，熟拌，令相入。……。和拌了，布蓋，暖處安。天寒，微火養之。數看，候銷，以袋濾之。細即用絹爲袋，粗則用布爲袋。然後銅銀器及石鍋中煎，杓揚勿停手，候稠即止”。❷❻工藝技術包括淨淘、蒸米、糖化、過濾、煮飴、攪拌等。基本原理主要是利用麥芽糖化澱粉，煎熬濾去米渣的糖化液汁而成。基本還是停留在北魏《齊民要術》所記載的技術水平上，並沒有多少創新。這與飴糖消費銳減有關。因此，言唐宋時期食糖生產工藝技術的發展，主要著重表現在蜜蜂的人工飼養管理和

---

❷❻　〔唐〕韓鄂：《四時纂要》，卷二。

蔗糖生產，特別是蔗糖生產工藝技術的發展更是空前飛躍。

蜜糖的採製食用，過去只是依賴野生蜂釀蜜爲源。唐宋時期，由於人工養蜂漸盛，蜜蜂的飼養管理及蜜糖的採製技術水平不斷提高，已經初步形成了一套具有科學性和實用性的管理技術系統。

當時已經開始出現了蜂箱或蜂房的人工建置。"今人家畜者，質小而微黃，大率腰腹相稱，如蠅蟬也。喜事者以竅木容數斛，實蜂其中養之，開小孔，纔容出入"。❷利用空心段木作爲蜂房，儘管原始簡陋，但卻甚爲結實。元代以後發展爲較先進的人工木製蜂箱。元代劉基《郁离子》云："刳木以爲蜂之宮，不罅不瘕"。實際上正是在唐宋時期的認識和實踐的基礎上發展而來。

蜜蜂的人工飼養，開始主要是獵捕野生蜂爲源。宋代採獵野生蜂的方法也自成一體。蘇東坡《收蜜蜂》詩對此曾作了描述。其謂："空中蜂隊如車輪，中有王子蜂中尊。分房減口未有處，野老解與蜂語言。前人傳蜜延客至，後人乘艾催客奔，布囊包裹鬧如市。坌入竹屋新具完。小窗出入旋知路，幽圃首夏花正繁。相逢處處命儔侶，共入新房長子孫"。方法是先以蜜糖誘之，而讓人在蜂群後則燃艾煙驅之，將其趕入布囊，然後再放入人工蜂房中飼養。在控制蜂群自然分蜂也採取了取捨手段。"巢之始營，必造一臺，其大如栗，俗謂之王臺，王居其上，且生子其中，或三或五，不常計數。王之子盡復爲王矣，歲分其族而去。山畦患蜂之分也，以棘刺關於王臺，則王之子盡死，而蜂不折矣"。❷這是人工養蜂技術的新認識新發展。

---

❷ 〔宋〕羅願：《爾雅翼》，卷二十六。

❷ 〔宋〕王禹偁：《小畜集》，卷十四，〈記蜂〉。

　　另外，合理割蜜也是蜜蜂管理與蜜糖採製技術的重要內容之一。割蜜時節要有所掌握選擇。“開蜜，以此月（六月）爲上，若韭花開後，蜂採則蜜惡而不耐久”。㉙每次製蜜量也要適宜合理。“凡取蜜不可多，多則蜂饑不蕃；又不可少，少則蜂惰而不作”。㉚

　　上述問題足以說明了唐宋時期人工養蜂取蜜已具有一定的科學認識與實踐水平，儘管在人工養蜂的創始之初，難免有不少待改善之處，然卻爲人工養蜂的發展打下了重要的基礎。元代人工養蜂管理技術更呈進步，元代三大農書對此頗多見載，乃多承唐宋之舊。唐宋時期，各地區自然環境的差別，生產的蜜糖品質也各有所異，從而形成了品類繁多的蜂蜜來源。“今土木之蠹，亦各有蜜。北方地燥，多在土中，故多土蜜。南方地濕，多在木中，故多木蜜”。㉛或“蜜採花而成，花之色不同，而蜜之色隨異。或白，或黃，或赤，凡三色，視其花之色也”。㉜而且蜜糖的質量也頗爲優質。據載，唐時“今京下白蜜，如凝酥，甘美耐久”。㉝體現了唐宋時期人工養蜂釀蜜所具有的水準。

　　唐宋時期，在甘蔗生產工藝技術上同樣達到很高的發展水準。

　　在甘蔗原料種植方面已積累了更爲豐富的技術和經驗。這是保證蔗糖生產質量的關鍵之一。如對甘蔗蔗種的識別與選擇。有

㉙　〔唐〕韓鄂：《四時纂要》，卷三。

㉚　〔宋〕王禹偁：《小畜集》，卷十四，〈記蜂〉。

㉛　〔宋〕羅願：《爾雅翼》，卷二十六。

㉜　〔宋〕謝維新：《古今合璧類要·蜜糖格物總論》。

㉝　〔唐〕蘇敬：《唐新修本草》，卷十六（輯複本），安徽科技出版社，一九八一年。

云：“甘蔗盛產吳中，亦有精粗。崑崙蔗、夾苗蔗、青灰蔗皆可煉糖，桄榔蔗、白巖蔗乃次品”。❸❹或“今江浙、閩廣、蜀川所生大者亦高丈許。葉有兩種，一種似荻節疏而細短，謂之荻蔗。一種似竹麁長，乍其汁以爲沙糖，皆用竹蔗。泉、福、吉、廣多作之。……。惟蜀川作之荻蔗，但堪噉或云亦可煎稀糖”。❸❺實際上已把甘蔗區分爲果蔗與糖蔗兩大類。在甘蔗種植的土壤選擇上也有一定的認識。如宋代嶺南地區，甘蔗種植主要分佈在沿江沖積平原或江心洲地帶。梧州地區，“土人沿江皆種甘蔗，彌望成林，冬初壓取汁作糖”。❸❻或“州西二十里大江心，居民十餘戶，地產甘蔗”。“州西二十五里大江心，居民十餘戶，地產甘蔗”。❸❼因爲沿江沖積平原及江心州，土質最適宜種植甘蔗。明代宋應星《天工開物》卷六有謂：“凡栽蔗必用夾江土，河濱州土爲第一”。而且當時的甘蔗種植已開始採用精耕細作的科學管理與耕種方法。“種法擇取短者，芽生節間，短則節密而多芽，掘坑深二尺，闊狹從便”。“凡蔗田十一月後，深耕把摟，燥土縱橫摩勞令熟。如開渠闊尺餘，深尺五，兩旁立土壟。上元後，二月初，區種行布，相傚灰薄蓋之，又蓋土不過二寸。清明及端午，前後二次以豬牛糞細和灰薄蓋之，蓋土常使露芽。六月半再使溷糞，餘用前法。草不厭數耘，土不厭數添，但常使露芽。候高成叢，用大鋤翻壟上土蓋，十月收刈。凡蔗最因地力，不可雜

---

❸❹ 〔宋〕陶穀：《清異錄》。

❸❺ 〔宋〕唐愼微：《重修政和經史證類備用本草》。

❸❻ 《永樂大典》，卷二千三百三十九引《輿地紀勝》。

❸❼ 《永樂大典》，卷二千三百四十引《蒼梧志》。

他種，而今年爲蔗田者，明年改種五穀，以休地力"。❸從選種育種、種植培育都具有一套完整、細緻、系統的精耕細作集約經營。有利於提高甘蔗的產量和質量，爲甘庶生產的發展打下良好的基礎。

而蔗糖生產工藝技術方面，尤以四川遂寧糖霜的製作最爲完整系統，最具有先進特色。以宋人王灼《糖霜譜》所記載的糖霜生產工藝技術流程爲例，或許更能說明這一點，主要生產步驟如下。

第一步爲提汁，當時主要採用磨壓法。已使用畜力進行磨壓提汁加工。"蔗碾，駕牛以碾所剉之蔗，大硬石爲之。高六七尺，重千餘斤，下以硬石作槽底，循環丈餘。曰榨斗，又名竹袋，以壓蔗，高四尺，編當年慈竹爲之。曰棗杵，以築蔗入榨斗。曰榨盤，以安斗，類今酒糟底。曰榨麻，以安盤，床上架巨木，下轉軸引索壓之。曰漆瓮，表裏漆，以收糖水，防津漏"。這樣的磨壓方法，可以反複對甘蔗原料施加壓力，能充分壓取蔗汁。甘蔗磨壓之前，通常還進行預處理，以提高甘蔗破碎度。"凡治蔗田，十月至十一月。先削去皮，次剉如錢，上戶削剉至一二十人，兩人削，供一人剉，次入碾"，有利於擴大糖份回收率。

第二步是蒸發煮煉。蒸發主要是一個傳熱過程，其中包括一系列的化學變化。因爲糖汁的組成部份較爲複雜，由於蒸發過程中濃度變化、溫度昇高和酸性作用，使糖份各種非糖份產生轉化分解、揮發和沈澱等變化，使糖汁達到較高含量，提高糖漿質量。當時採取直接加火蒸發。甘蔗，"碾訖，號曰泊，次烝。泊烝透

---

❸　〔宋〕王灼：《糖霜譜》。

出甌入榨，取盡糖水，投釜煎。仍上烝，生泊約糖水六七分熟，權入甕，則所烝泊亦堪榨，如是煎烝相接，事竟”。在這一基礎上再進行煮煉，以進一步濃縮糖漿，達到一定的飽和糖蜜，使蔗糖最後成為品糖。“再取所寄收糖水煎，又候九分熟，稠如餳，插竹編甕中，簸箕覆之，此造糖霜法也”。

第三步是結晶去蜜。經煮煉後的糖膏，仍然是蔗糖晶體和母液（糖蜜）的混合液。還需將蔗糖晶體從糖膏中分離出來。當時主要讓煮煉後的糖水自行凝結，以取得結晶體較大的冰糖。因為迅速冷卻，只能得到顆粒多而小的沙糖。所以凝結周期較長，凝結後的糖晶經分離乾燥便成為糖霜產品。“糖水入甕兩日後，甕面如粥文，染指視之如細沙。上元後結小塊，或綴竹梢如粟穗，漸次增大如豆，至如指節，甚者成座如假山。俗隨果子結實，至五六月春生夏長之氣已備，不復增大，乃瀝甕，霜雖結，糖水猶在。瀝甕者，戽出糖水，取霜瀝乾。其竹梢上團枝隨長短剪出就瀝，瀝定曝列日中極乾，收甕。四周循環連綴生者，曰甕鑑。顆粒層出，如崖洞間鍾乳。但側生耳，不可遽瀝，瀝須就甕曝數日令乾硬，徐以鐵鏟分作數片出之”。

第四步是貯藏。對此也有一定的工藝技術要求。否則成品會因保管不妥而發生潮野、結壞、酸壞或變色等問題，影響產品質量。“凡沙霜，性易銷化，畏陰濕及風，遇曝時風吹無傷也。收藏法，乾大小麥鋪甕底，麥上安竹兜，密排筍皮，盛貯綿絮，復兜簸箕覆甕。寄遠即瓶底著石灰數小塊，隔紙盛貯，原封瓶口”。遠銷成品糖霜還以石灰作乾燥劑，進行工藝處理。具有一定的先進性。石灰乾燥法在宋代已有相當程度普及。宋人寇宗奭《本草衍義》卷十八有載，“石蜜，川浙最佳，其味厚，其他次之。煎煉成以銅象物達京都。至夏月及久陰雨，多自消化。入葉及紙裏，外用石灰埋之，仍不得見風，遂免"。

綜上所述，反映了唐宋時期蔗糖生產工藝技術已具有較爲先進的水平。初步形成了我國古代蔗糖生產的基本規模與技術特點，一直爲以後元明清時代的蔗糖生產所沿襲繼承。有人認爲白沙糖的製作技術始於明代。❸⑨言下之意，即明以前，只能生產含雜質較多的赤褐沙糖。以當時蔗糖生產工藝技術的發展水平觀之，這一觀點似爲偏頗。冰糖是屬於精製糖，通常是砂糖提淨後再結晶而製成。唐宋時代冰糖尚且能生產，那麼白沙糖的製作似乎不存在生產工藝技術上的問題。明人王世懋《閩部疏》曾謂："飴蔗擣之入釜徑煉爲赤糖，赤糖再煉燥而成霜爲白糖，白糖再煆而凝則曰冰糖"。基本符合現代蔗糖製作工藝原理，此其一。另外，"白糖"已經廣泛見諸於宋代有關飲食生活的史載中。如宋浦江吳氏《中饋錄》就有"撒拌和菜"，"將麻油入花椒，先時熬一、二滾，收起臨用時，將油倒一碗，入醬油、醋、白糖些少，調和得法安起"。又宋代林洪《山家清供》也有類此記載，"通神餅"，"薑薄切，葱細切，以鹽湯焯和白糖，白麵，庶不太辣，入香油少許燦之，能去寒氣"。所以起碼宋代已經掌握了白沙糖生產工藝技術。明代說似嫌低調。至於宋代白沙糖在色澤和糖份方面與明代尚有差距，似應另當別論。

唐宋時期，食糖的消費逐步趨向於以蜜糖和蔗糖爲主，食糖的生產工藝技術進步也主要表現在這兩大食糖品類的生產發展上。

---

❸⑨　李治寰：〈從製糖史談石蜜與冰糖〉，《歷史研究》，一九八一年二期。

其中蜜糖的生產製作，已經從單純利用野生蜂自然釀蜜發展到具
有一定科學管理水平的人工養蜂取蜜。而蔗糖生產則從原料處理
到成品生產均具備科學管理的較先進工藝技術流程。不僅形成了
沙糖、乳糖（石蜜）、冰糖等系列產品，而且在色澤、糖份方面
更遠勝前人。表現了唐宋時期食糖生產的發展高度。特別是隨食
糖生產的進一步發展，商品化程度越來越高，更對社會經濟的發
展產生重要影響。有謂：“蔗糖為霜，利當十倍”。❹蔗糖生產，
逐步轉化為以逐末致富以及適應市場需要為目的之商品生產。以
宋人王灼《糖霜譜》中所載，宋代四川遂寧小溪縣的繖山地區，
已開始了甘蔗及製糖的專業化生產。“山前山後為蔗田者十之四，
糖霜戶十之三”。而且糖霜戶既從事甘蔗生產，又兼製作糖霜。
“糖霜戶，治良田，種佳蔗”。這些蔗農基本上成為小商品生產
者，其生產性質也開始了從自然經濟向商品經濟的轉化。表明了
唐宋時期食糖生產的發展意義，不但表現在社會生產力的提高，
更重要的是不斷擴大了封建自然經濟的不嚴密性，為促進新生產
關係萌芽的出現，提供了有利條件。

---

❹　〔宋〕王灼：《糖霜譜》。

第十章　唐宋茶葉加工與
品茶之道

　　唐宋時期，是中國古代茶葉人工普遍種植與飲茶風習盛興的
重要時期，茶葉生產成為當時封建國家重要的經濟部門。茶葉不
僅作為商品在國內流通，而且開始遠銷海外，在世界飲食市場上
享負盛名。奠定了茶葉在古代經濟文化生活中的重要地位。隨著
茶葉生產和消費的不斷擴大，茶葉加工技術日趨完善，飲茶更從
一般性的飲用發展為具有有較高精神境界的品茶享受，其所表現
的品茶藝術風彩，更為中國古代物質文明的發展，揭開了新的一
頁。

一、　茶葉加工的類型與工藝技術

　　茶葉加工，可包括兩方面的內容。一是茶葉加工的類型，是
指茶葉生產的品種類別。二是茶葉加工的技術，是指茶葉生產中
的主要工藝流程和技術措施。最能體現茶葉加工發展水準的應為
後者，即茶葉生產的工藝技術。茶葉的加工類型一般是以茶葉生
產技術的發展為基礎。而古代的茶葉分類，尚未具有較為明顯合
理的分類方法，唐宋時期也是如此。

　　唐宋時期的茶葉分類和現代不同，通常以茶葉成品的包裝形
狀來區別。主要可分為團茶（又稱餅茶）與散茶兩大類型。唐人

陸羽《茶經》就有“粗茶、散茶、末茶、餅茶”之分。宋代也是一樣，茶葉大體上分爲臘茶（即團茶，或稱片茶）、草茶（又稱散茶）兩類。時謂“茶有兩大類，日片日散”。❶而且還顯示了地區性集中生產單一類型茶葉的傾向。“臘茶出於福建，草茶盛於兩浙”。❷唐代則主要偏重於團茶或餅茶的生產。茶葉採摘後，“蒸之，搗之，拍之，焙之，穿之，封之，茶之乾矣”。而且各地所產的團茶、餅茶，其形狀重量均有所別。“穿，江東、淮南剖竹爲之，巴川、峽山紉榖皮爲之。江東以一斤爲上穿，半斤爲中穿，四兩五兩爲小穿。峽中以一百二十斤爲上穿，八十斤爲中穿，五十斤爲小穿”。❸宋代臘茶、片茶的製作也多承唐人之舊。“片茶蒸造，實捲模中串之。惟建劍既蒸而研，編竹爲格，置焙室中，最爲精潔，他處不能造”。❹造臘“茶，細茶不拘多少，卻重蒸過，焙乾，細碾爛，精末膠和飲微潤，於茶模子上以木槌槌實，焙乾片子，方收之”。❺唐宋時期，茶葉加工類型也出現了一些變化，主要表現在散茶加工製作越來越普及，品種也越來越多。唐人陸羽《茶經》把茶葉分爲粗茶、散茶、末茶、餅茶四類，實際上主要還是歸爲餅茶與散茶兩大類型。唐代也偶見散茶之紀錄，“劍南有蒙頂石花，或小方，或散牙，號爲第一”。❻唐詩也有謂：“野色生肥芋，鄉儀擣散茶”。❼然散茶製作一直是居於較

❶ 《文獻通考》，卷十八，〈征榷考五〉。
❷ 〔宋〕陳鵠：《耆舊續聞》，卷八。
❸ 〔唐〕陸羽：《茶經》。
❹ 《文獻通考》，卷十八，〈征榷考五〉。
❺ 〔宋〕陳元靚：《事林廣記》，別集，卷七。
❻ 〔唐〕李肇：《唐國史補》，卷下。
❼ 《全唐詩》，卷五百六十，薛能：〈西縣途中〉。

為次要的地位。直至晚唐五代，散茶製作始有較大發展，散茶的品名也日漸增多。"其橫源雀舌、鳥嘴、麥顆，蓋取嫩芽所造，以其芽似之也。又有片甲者，即早春黃茶，茶葉相抱如片甲也。蟬翼者，其葉嫩薄如蟬翼也，皆散茶之最上也"。❽宋代，除了繼續發展團茶、品茶的生產品類外，散茶類的生產更加普及，最突出的表現是花茶的創製發展。宋人周密在同朝詞人施岳《步月茉莉》詩中注云："茉莉，嶺表所產，古今咏者不甚多"。"此花四月開，直玉桂花時尚有玩芳味，古人用此花焙茶"。❾而且花茶的品種也更爲繁雜。有載"木樨、茉莉、玫瑰、薔薇、蘭蕙、菊花、梔子、木香、梅花等皆可作茶。"❿散茶的普及發展，反映了飲茶更加深入至民間下層社會生活中。因爲"蠟茶最貴，而製作亦不凡。擇上等嫩芽細碾入羅，雜腦子諸香膏油，調劑如法，印作餅子，製樣任巧，候乾，仍以香膏油潤飾之。其制有大小龍團帶胯之異，此品惟充貢獻，民間罕見"。⓫正所謂"龍鳳新團出帝家"。⓬唐宋時期，由於團茶、片茶等一味追求製作精細，對象以皇室宮廷爲主，銷路日窄，民間散茶之需應運而盛。所以散茶類的普及，不僅是茶葉生產品類的問題，而且社會經濟生活的變化也是一個原因。總之，唐宋時期茶葉生產主要有團茶與散茶兩大類型，並且開始了從單一以團茶生產爲重到與生產散茶並

---

❽ 〔前蜀〕毛文錫：《茶譜》。

❾ 轉引自陳祖槼、朱自振：《中國茶葉歷史資料選輯》，農業出版社，一九八一年。

❿ 〔宋〕趙希鵠：《調變類編》，卷三。

⓫ 〔元〕王禎：《農書》，卷十，〈百穀譜十〉。

⓬ 〔宋〕鄒浩：《道鄉集》，卷十，〈修仁茶〉。

重的轉變。

此外，按茶葉的採摘季節與時間，則可分爲春茶或秋茶，早茶或晚茶等。晚唐五代，"南平縣狼猱山茶黑黃色，渝人重之，十月採貢"。⑬宋人也有把茶葉分類爲"牙茶、早茶、晚茶和秋茶"。⑭還有一些新茶品種逐步被認識而問世。如宋徽宗《大觀茶論》所云："白茶自爲一種，與常茶不同。其條敷闡其葉瑩薄，崖林之間偶然生出，雖非人力所可致，正焙之有者不過四五家。不過一、二株所造，止於二三胯而已。芽英不多，尤難煮焙，湯火一失，則已變爲常品，須製造精緻，過度得宜，則表裏昭澈如玉之在璞，他無爲倫也，淺焙亦有之，但品格不及"。類似今天的白茶品類。似已根據其製作方法分類之。但總的說來，當時尚未能有更科學的分類法，主要還是籠統地歸納爲團茶或散茶兩大類型。而主要工藝原理都是採取半發酵或不發酵的方法製作之。

唐宋時期，茶葉的分類儘管似嫌單調，然其茶葉加工技術並沒有停滯不前。其工藝製作流程逐步完善，漸趨全面。開始了古代茶葉生產工藝技術全面發展的歷史時期，尤以下述內容最爲典型。

(1) 茶葉採摘

茶葉採摘，是茶葉加工的重要基礎。一年四季中，由於季節氣候條件不同，在不同時令採摘的茶葉質量也有較大的區別。而且同一品種的茶葉在不同地形、土質的自然環境下，質量也有不

⑬　〔前蜀〕毛文錫：《茶譜》。

⑭　〔宋〕蘇轍：《欒城集》，卷三十九，〈申本省論處置川茶末當狀〉。

同。如高山茶就質優於平地茶。因爲高山晝夜溫差大,土壤濕潤,陽光直射時間短,光照弱,有利於茶葉有效成份的合成積累,還能促使茶葉的萌發和壯實。所以茶葉的質量,即使同一植株、同一品種,也會因時而異、因地而異。茶葉的採摘自然也要適時而採、適地而採,方能最有效地保證茶葉的天然之質。唐宋時期,在這方面已顯示了較高水平的科學認識和實踐。唐人陸羽《茶經》云:"凡採茶在二月、三月、四月之間,茶之筍者生爛石沃土,長四五寸,若薇蕨始抽凌露採焉。茶之芽者發於叢薄之上有三枝、四枝、五枝者,選其中枝穎拔者採焉"。對於在不同環境生長的茶葉採取了不同的選擇方法。而且"其日有雨不採,晴天有雲不採"。唐詩謂:"日暖提筐依茗樹,天陰把酒入銀坑"。❶或:"武夷春暖月初圓,採摘新芽獻地仙"。❶宋代的茶葉採摘,在唐朝的基礎上更進一步提高。建溪茶"歲多暖則先驚蟄,十日即芽,歲多寒則後驚蟄,五日始發。先芽者氣味俱不佳,唯過驚蟄者最爲第一。民間常以驚蟄爲候,諸焙後北苑者半月,去遠則益晚。凡採茶必以晨興,不以日出。日出露晞,爲陽所薄,則使芽之膏腴消耗于內,茶及受水而不鮮明,故常以早爲最"。❶至於採摘茶葉的具體要領及指法,宋人也頗多講究,"擷茶以黎明見日則止。用爪斷芽,不以指揉,慮氣汗薰漬,茶不鮮潔。故茶工多以新汲水自隨,得芽則投諸水"。❶可知唐宋時期一般是崇尚

---

❶ 《全唐詩》,卷五百零六,章孝標:〈送張使君赴饒州〉。

❶ 《全唐詩》,卷七百零八,徐寅:〈尚書惠臘面茶〉。

❶ 〔宋〕宋子安:《東溪試茶錄》。

❶ 〔宋〕宋徽宗:《大觀茶論》。

春芽，提倡"雨前採茶"，或"日前採茶"。其中不無科學道理。由於茶葉在越冬期間養份消耗少，而積蓄的養份，一到春天氣候轉暖、雨水增加之時，會使茶葉芽發較壯實，葉片也較柔軟，營養成份也最爲豐富。春芽乃是製茶之上品，而雨前採茶與黎明前採茶，則是爲了避免茶葉中有效成份的損失。

要採摘較優質的茶芽，除了適時而採，還需適芽而擇。一般茶樹每年開春後，逐漸形成新梢。新梢最先展開的芽葉，葉細小片硬厚，製茶難以成條，易於破碎，不宜造茶，採茶時應保留之，讓它在葉脈間抽發新芽。而其上層開的才是眞葉，方是製茶之原料。茶梢頂端的芽，則是製茶之上等原料。有謂："茶味雖均，其精者在嫩芽"。❶茶樹還會長成無芽的對夾葉。對夾葉葉片較薄，容易變老變硬。採摘時或不取，或應及時採下，"凡茶芽數品最上曰小芽，如雀舌鷹爪，以其勁直纖銳，故號；芽茶，次曰中芽，乃一芽帶兩葉者，號一鎗一旗；次曰中芽，乃一芽帶兩葉者，號一鎗兩旗。帶三葉、四葉皆漸老矣"。❷又有謂："茶有小芽，有中芽，有紫芽，有白合，有烏蒂，此不可不辨。小芽者，其小如鷹爪，初造龍團勝雪白茶，以其芽先次蒸熟，置之小盆中，剔取精英，僅如針小，謂之水芽，是芽中之最精者也。中芽，古謂一鎗二旗是也。紫芽，葉之紫者是也。白合，乃小芽有兩葉抱而生者是也。烏蒂茶之蒂頭是也。凡茶以水芽爲上，小葉次之，其中芽又次之。紫芽、白合、烏蒂皆在所不取"。❸所以茶葉適

---

❶ 〔宋〕葉夢得：《避暑錄話》，卷下。

❷ 〔宋〕熊蕃：《宣和北苑貢茶錄》。

❸ 〔宋〕趙汝礪：《北苑別錄》。

時而採、適地而採和適芽而擇，是唐宋時期茶葉採摘中的重要技術內容，爲生產優質茶葉打下了重要的基礎。

(2) 茶葉焙製

茶葉焙製，是茶葉加工生產最爲關鍵之處。茶葉製作中，除了茶葉採摘要保證質量，茶葉焙製也具有較高的技術要求。唐宋時期，茶葉製作主要是採取蒸青法和炒青法。據唐人陸羽《茶經》記載，唐代茶葉加工已分作蒸、擣、拍、焙、穿、封等多重工序，分工頗細。一般是在茶葉採摘後，先放進甑釜中蒸或炒一下，然後將經過蒸炒處理的茶葉用杵臼擣碎，再把茶末拍製成茶團或茶餅，最後將茶團或茶餅穿起來培乾封存。宋代茶葉製加工，基本上繼承了唐代茶葉的生產加工技藝，而在具體技術上的運用則更進一步。

首先，在茶葉焙製中，火候的運用更爲細膩，要求更高。唐人陸龜蒙〈茶焙〉一詩曾咏及“火候還文武”。對茶葉焙製的火候適度已有所認識。宋代焙茶加工的火候理論更爲完整具體。有謂：“茶之美惡尤繫於蒸芽壓黃之得失。蒸太生則芽滑，故色青而味烈；過熟則芽爛，故茶色赤而不膠。壓久則氣竭味漓不及，則色暗味澀。蒸芽欲及熟而香，壓黃欲膏盡亟止。如此製造之功，十已得七八矣”。[22] 又：“蒸青有過熟之患，有不熟之患。過熟則色黃而味淡，不熟則色青易沉，而有草木之氣，唯在得中爲之當也。”[23] 可知，茶葉焙製加工中火候的掌握和茶葉成品之色、香、味有很大關係。所以，“官焙有緊慢火候，慢火養數十日，

---

[22] 〔宋〕宋微宗：《大觀茶論》。

[23] 〔宋〕趙汝礪：《北苑別錄》。

故官茶色多紫，民間無力養火，故茶雖好而色亦黑青"。❷道理正在於此。

另外，唐代茶葉加工常通過一系列的完善製作，使茶葉去掉青草氣味，這是唐代製茶技術較之前代有所突破之處，但仍有未盡之處。由於茶葉中含有多茶酚，它是一類多酚化合物的總稱，主要包括兒茶素、黃酮、花青素、酚酸四類化合物。而花青素通常起著消極的作用。使茶湯色發暗，味發澀苦。唐代對於去除茶葉苦澀之味，似未有採取更有效的措施。宋人朱翌《猗覺寮雜記》曾謂："唐造茶與今不同，今採茶者得芽即蒸熟焙乾，唐則旋摘旋炒"。宋代茶葉加工，往往先將茶芽洗淨而後蒸青，蒸後再行壓榨，以除去適量茶汁，減少濁重苦澀之味。"茶芽再四洗滌，取令潔淨，然後入甑，俟湯沸蒸之"。"茶既熟，謂茶黃。須淋洗數過，方入小榨以去其水，又入大榨去其膏。先是包以布帛，束以竹皮，然後入大榨壓之。至中夜取出揉勻，復如前入榨，謂之翻榨，徹曉奮擊，必至於乾淨而後已。蓋建茶味遠而力厚，非江茶之比，江茶畏流其膏，建茶唯恐其膏之不盡，膏不盡則味色重濁矣"。❷因此，"滌芽惟潔，濯器惟淨，蒸壓惟其宜。研膏惟熱，焙火惟良。飲而有少砂者，滌濯之不精也。文理燥赤者，焙火之過熟也"。❷正如唐人陸羽《茶經》中所言，茶葉焙製加工，"擇之必精，濯之必潔，蒸之必香，火之必良，一失其度，俱為茶病"。反映了唐宋時期茶葉焙製加工已具備了一套完整、

---

❷　〔宋〕莊綽：《雞肋編》，卷下。

❷　〔宋〕趙汝礪：《北苑別錄》。

❷　〔宋〕宋徽宗：《大觀茶論》。

系統、科學的生產工藝技術。

　　而且由於社會生產力的提高，如唐代“未有碾磨，止用臼”。❷ 所以宋代茶葉焙製加工更爲精細優質，更趨藝術性。以宋人熊蕃 《宣和北苑貢茶錄》所見，宋代所製茶團、茶餅，其精工細作， 遠非前代可比。共四十餘種上貢茶品，其形狀各異，小巧玲瓏， 圖紋並茂，龍鳳呈祥，栩栩如生。其名號尤爲別緻高雅。或有“龍 團勝雪”，或有“無疆壽龍”，或有“龍鳳英華”，或有“瑞雲 翔龍”等等，其製作獨特精美，價值驚人。如南宋年間，“仲春 上旬，福建漕司進第一綱蠟茶，名‘北苑試新’，皆方寸小夸， 進御止百夸。……。乃雀舌水芽所造，一夸之值四十萬，僅可供 數甌之啜耳”。❷固然反映了宋室皇帝之奢侈腐化，然也顯示了 宋代製茶具有精湛的工藝技術水平。時人有謂“一朝團焙成，價 與黃金逞”，❷乃言之不虛。

(3)　茶葉貯存

　　茶葉貯存關係到茶葉消費前的質量保護，所以也是茶葉加工 工藝技術的重要內容之一。因爲茶葉中含有多種有機成份，如糖 類、蛋白質、茶多酚、果膠質等都是一些親水性的成份。茶葉乾 燥後，形成了多孔組織結構也會引起茶葉吸潮，並具有較強的吸 附性。所以當空氣中相對濕度超過茶葉水份的平衡狀態時，茶葉 就會從空氣中吸收水份，造成茶葉質量下降。唐宋時期，人們對

---

❷　〔宋〕朱翌：《猗覺寮雜記》。

❷　〔宋〕周密：《武林舊事》，卷二。

❷　〔宋〕釋永頤：《天泉詩稿補遺》。

於茶種的各種特性已有較充份的認識。如花茶的製作就是利用茶葉具有較強的吸附性特點而創製。然有利也有弊，要保證茶葉品質，需在實踐中不斷完善茶葉的貯存保管。唐代就有把茶葉放在火閣上及焙籠中的 "焙茶" 貯存。❸宋人蔡襄《茶錄》指出： "茶宜蒻葉而畏香藥，喜溫燥而忌濕冷。故收藏之家，以蒻葉封裹入焙中，兩三日一次，用火常如人體溫，則禦濕潤，若火多則茶焦不可食"。宋徽宋《大觀茶論》也謂： "焙火如人體溫，但能燥茶皮膚而已，內之餘潤未盡，則復蒸暍矣。焙畢即以用久漆竹器中緘藏之，陰潤勿開。如此終年再焙，色常如新"。這是屬於乾燥貯存法。還有採用密封貯存法。"藏茶之法，十斤一瓶，每年燒稻草灰入大桶，茶瓶坐桶中，以灰四塡桶瓶上，覆灰築實。每用，撥灰開瓶，取茶些少，仍覆上灰。再無蒸壞，次年換灰爲之"。❸宋代茶葉貯存，常有專門器具以備選用。如 "茶焙"， "編竹爲之，裏以蒻葉蓋其上，以收火也。隔其中，以有容也。納火其下，去茶尺許，常溫溫然，所以養茶色香味也"。又 "茶籠"， "茶不入焙者，宜密封裹，以篛籠盛之，置高處不近濕氣"。❸

　　上述爲茶葉加工方面的基本內容，代表與體現了唐宋時期茶葉製作技術的發展特色。從茶葉採摘到成品製作及貯存均顯示較高的工藝技術水平。在古代茶葉生產加工的發展史上，具有發其端的重要歷史地位。

---

❸　〔唐〕韓鄂：《四時纂要》，卷三。

❸　〔宋〕趙希鵠：《調燮類編》。

❸　〔宋〕蔡襄：《茶錄》。

二　品茶之道要略

　　唐宋時期，隨著社會物質生活水平的提高，人們的飲食生活更趨向於對精神享受意境之追求。飲茶風習之盛更助長了品茶之道的形成。品茶，不僅需要有優質的茶葉爲本，而且對於煮泡茶、品茶的要領及環境也諸多講求，以增添品茶的情趣。特別是皇室宮廷爲首的封建統治階級階層，富貴悠閑，不斷追求品茶的意境妙意，逐漸形成了一套富於藝術情趣的品茶要道。茲擇其要點略述之。

　　其一，飲茶用水的選擇。大自然的水源種類繁多，性質各有差異，天然水中，就有諸如泉水、河水、井水、湖水等。各種自然水因含溶解物質的不同，對於煮泡茶的品質影響也不同。唐人陸羽《茶經》對此最早作出議論。“其水用山水上，江水中，井水下。其山水揀乳泉石池出者上，其瀑湧湍漱勿食之。……。其江水取去人遠者，井取汲多者”。陸氏飲茶用水之理論，即使今天看來也很有道理。泉水是屬於地下水，經過地層反複過濾，其雜質較少，而且湧出地面後，在溪澗流淌，能吸收充足的空氣，增加了溶解氧。同時，在二氧化碳的作用下，溶解了多種營養元素。所以泉水泡茶尤爲清香甘冽。江水則屬於地面水，常有懸浮狀態的不溶解質，特別是人口稠密之區，更易污染水質。所以江水當取人煙稀疏之處爲佳。而井水常不見天日，水中雜質不易氧化，易在取中進行還原性的化學反應，則井水又不如江水。宋人有謂：“水以清輕甘潔爲美，輕甘乃水之自然，獨爲難得。古人品水雖曰中泠、惠山爲上，然人相去之遠近，似不常得。但當取山泉之清潔者，其次則井水之常汲者爲可用。若江河之水，則魚鱉之腥，泥濘之汙，雖輕甘無取。"❸表面看來，除了泉水之外，宋人似有厚井水薄江水之嫌，與唐人有矛盾之處，實則非也，井水泡茶一般雖不及江河之水，但有些深井之水，水層在耐水層之下，不易被污染，而且過濾的距離加長，水質較爲清潔。以之泡茶，自然勝於那些"雖輕甘無取"的受污染的河水。詩云："汲水自煎茗，鏘然轆轤聲，百尺鳴古井，肺腑凜清寒。"❸可見井水之取也當以深井爲宜。宋人蘇軾《仇池筆記》中更以爲取"天水"最佳。其謂："時雨降多置器廣庭中，所謂甘滑不可名，瀹茶煮藥皆美而有益，其次井泉甘冷者。"選用理想與適當的水泡茶，能獲得合適的溶解物，保證茶湯色香味美，引人入勝。即使在今天，飲茶用水的選擇，也是品茶評茶的重要因素之一。所以飲茶用水的區別和選擇，表現了唐宋時期品茶之道的水平。

　　其二，煮泡茶的技藝也漸趨成熟，其內容更是涉及眾多方面。首先是煮泡茶的水溫控制。唐人謂："其沸如魚目，微有聲爲一沸，緣邊爲湧泉連珠爲二沸，騰波湧浪爲三沸。"❸或謂："茶須緩火炙，活火煎，當使湯無妄沸，庶可養榮。始則魚目散布，微微有聲，中則四邊泉湧，累累連珠，終則騰波鼓浪，水氣全燒，謂之老湯。"❸宋人更加明確提出"凡用湯以魚目蟹眼連繹迸躍爲度"，反之謂"過老"。❸說明當時煮泡茶的水溫是以方滾沸

---

❸　〔宋〕宋徽宗：《大觀茶論》。

❸　〔宋〕陸游：《劍南詩稿》，卷十四，《夜汲井水煮茶》。

❸　〔唐〕陸羽：《茶經》。

❸　〔唐〕溫庭筠：《採茶錄》。

❸　〔宋〕宋徽宗：《大觀茶論》。

之水爲上，滾沸過度或未滾之水都難獲得品茶之良好效果。因爲以方滾沸之水煮泡茶葉，能使茶湯的香味更多地發散出來，而且水浸出物也溶解得較多。滾沸過久之水則適得其反，能使溶解於水中的空氣完全被驅逐，導致水質缺乏刺激性，使茶湯失去應有的新鮮氣息。而以未沸之水煮泡茶葉，則茶葉浸出物不能最大限度地泡出，也會令茶湯乏味。宋人龐元英《談藪》中謂："俗以湯之未滾者爲盲湯，初滾曰蟹眼，漸大曰魚眼，其未滾者無眼，所語盲也"。對於泡茶用水水溫形態均有所認識。唐宋時期，煮泡茶的水溫控制可謂合宜，甚至還有以聽聲辨沸來掌握水溫之技藝。"茶經以魚目湧泉連珠爲煮水之聲。然近世瀹茶，鮮以鼎鑊，用瓶煮水，難以候視，則當以聲辨一沸二沸三沸之節。又陸氏之法，以未就茶鑊，故以第二沸爲合量而下。未若以今湯就茶甌瀹之，則當用背二涉三之際爲合量。乃爲聲辨之詩云：'砌蟲唧唧萬蟬催，忽有千車梱載來，聽得松風並澗水，急呼縹色綠瓷杯'。其論固已精矣。然瀹茶之法，湯欲嫩而不欲老，老則過苦矣。其聲如松風澗水而遽瀹之，豈不過於老而苦哉！惟移瓶去火，少待其瀹而瀹之，然後湯適中而茶味甘。……。因補之詩云：'松風檜雨到來初，急引銅瓶離竹爐，待得聲聞俱寂後，一甌春雪勝醍醐'"。㊳可見宋人對水溫控制更爲講究，水溫與品茶之關係認識更具規律和水準。而且爲了使茶葉能夠最大限度地溶解浸出物，煮泡茶之前可先用熱水燙洗茶具，即所謂"熁盞"，"凡欲點茶，先須熁盞，令熱冷，則茶不浮"。㊴

㊳〔宋〕羅大經：《鶴林玉露》，丙編，卷三。

㊴〔宋〕蔡襄：《茶錄》。

其次，煮泡茶中茶葉與水的比例也要掌握適度。這關係到茶味濃淡和液層厚薄，茶葉量多而水少則過份濃厚，反之，茶味也會過份淡薄。茶葉與用水量比例合宜也是品茶水平的重要標誌。唐代蘇廙《十六湯品》中的所謂"大壯湯"已經注意到這一關係問題。其謂："力士之把針，耕夫之握管，所以不能成功者，傷於麤也。且一甌之茗，多不二錢，茗盞量合宜，下湯不過六分，萬一快瀉而深積之，茶安在哉"？宋人也有謂："茶少湯多則雲腳散，湯少茶多則粥面聚。鈔茶一錢七先注湯調令極勻，又添注入環廻擊拂，湯上盞可四分則止，眂其面色鮮白著盞無水痕爲絕佳"。❹

通常茶葉與用水之比例，是以茶色爲度。因爲宋代"點茶之色，以純白爲上，眞清白爲次，灰白次之，黃白又次之"。❹可知唐宋時期，品茶之色崇尙清淡甘白，關鍵還是以掌握茶葉與用水量的比例關係。

再次，煮茶燃料之不同，對煮泡之茶質影響頗大。當時已把煮泡茶所用之燃料選擇作爲重要的品茶要道之一。"凡木可以煮湯，不獨炭也。惟沃茶之湯，非炭不可。在茶家亦有法律，水忌停，薪忌薰，犯律踰法，湯乖則茶殆矣"。或"柴中之麩火或焚餘之虛炭，本體雖盡而性且浮。性浮則湯有終嫩之嫌，炭則不然，實湯之友"。或"茶木靈草，觸之則敗，糞火雖熱，惡性未盡，作湯泛茶，減耗香味"。或"竹篠樹梢，風日乾之，燃鼎附瓶，頗甚快意，然體性虛薄，無中和之氣，爲湯之殘賊也"。或"調

---

❹　〔宋〕蔡襄：《茶錄》。

❹　〔宋〕宋徽宗：《大觀茶論》。

茶在湯之淑慝，而湯最惡烟，燃柴一枝，濃烟蔽室，又安有湯耶？苟用此湯，又安有茶耶"？❷把燃料選擇視之如法，反映了唐宋時期對煮茶燃料選用之重視。其謂泡煮茶以淨炭爲最佳，其它糞火或竹木之火各有其弊，均不宜爲泡煮茶之用。燃料之選用，實質上與其說爲茶質問題，倒不如是爲飲茶者的心理因素。表現了唐宋時期，今茶者所追求的品茶意境乃是清新雅潔爲重。

最後，煮泡茶時添水之序謂之"注湯"。唐宋之時諸多規矩。當時飲茶多保持烹煮習俗。先以少量水將茶葉調成稠膏，再加水烹煮，邊注水邊用竹器環繞攪動，也可稱之爲"點茶"。點注茶湯，要求緩急適宜，掌握水沸的程度，其中以手臂之靈活控制最爲重要。"注湯有緩急則茶敗，欲湯之中，臂任其責"，"茶已就膏，宜以造化成其形，若手顫臂軃，惟恐其深，缾嘴之端，若存若亡，湯不順通，故茶不勻粹"。❸宋代注湯點茶就更近乎繁瑣。宋徽宗《大觀茶論》把注湯點茶分爲七注，其注湯量及注時的緩急及臂指力度均有定制。"點茶不一，而調膏繼刻以湯注之"。第一注，"量茶受湯，調如融膠，環注盞畔，勿使受茶勢。不欲猛，先須攪動茶膏，漸加擊拂，手輕筅重，指遶腕旋，上下透徹，如酵蘗之起麵，疎星皎月，燦然而生，則茶之根本立矣"。第二注，"自茶面注之，周回一線，急注急上，茶面不動。擊拂既力，色澤漸開，珠璣磊落"。第三注，"多寘如前，擊拂漸貴輕勻，周環旋復，表裏洞徹，粟文蟹眼泛結雜起，茶之色，十已得其六七"。第四注，"尚嗇，筅欲轉稍寬而勿速，其清眞華彩既已煥

---

❷〔唐〕蘇廙：《十六湯品》。

❸〔唐〕蘇廙：《十六湯品》。

發，雲霧漸生”。第五注，“乃可少縱筅，欲輕盈而透達。如發立未盡，則擊以作之。發立各過，則拂以斂之。結浚靄凝雪，茶色盡矣”。第六注，“以觀立作，乳點勃結，則以筅著居緩繞拂動而已”。第七注，“湯以分輕清重濁，相稀稠得中，可欲則上。乳霧洶湧，溢盞而起，周回旋而不動，謂之咬盞”。最後才“匀其輕清浮合者飲之”。令人帶有神奇之遐想，從中領略品茶之藝術情調。實際上注湯點茶，主要是圍繞著“湯色”和“湯花”兩方面。湯色是指茶水的顏色。《大觀茶論》中標準是以純白爲上，青白、灰白、黃白則等而下之，湯色是製茶技藝的反映，茶色白，表明茶質鮮嫩，製作也恰到好處。湯花則指茶湯面泛起的泡沫。如果茶末研碾細膩，點湯擊拂恰到好處，湯花便會顯現匀細，緊咬盞沿，久聚不散，謂之“咬盞”。雖然多是皇室貴家追求奢華生活奇趣的反映，但是卻全面具體地反映了唐宋時期品茶技藝水平之高。開了品茶要道之先河。

其三，茶具的選擇也自成一體。因爲茶湯之色、香、味會受盛器質料的影響。唐宋時期，茶具輩出，質料各異。或有金鐵之器，或有石器，或有瓷器，然唐人蘇廙《十六湯品》則有謂：“貴欠金銀，賤惡銅鐵，則瓷瓶有足取焉，幽士逸夫，品色尤宜”。可見唐人認爲陶瓷茶具最爲可取，而且尤以越瓷爲佳。“越州瓷、岳瓷皆青，青則益茶，茶作白紅之色。刑州瓷白茶色紅，壽州瓷黃茶色紫，洪州瓷褐茶色黑，悉不宜茶”。❹越州青瓷，唐詩中多有稱道。鄭谷《題興善寺》云：“蘇侵隨畫暗，茶助越甌深”。韓偓《橫塘》詩謂：“蜀紙麝煤沾筆興，越甌犀液發茶香”。宋

---

❹〔唐〕陸羽：《茶經》。

人茶具之選似另有所鍾。有云：“茶色白，宜黑盞，建安所造者紺黑，紋如兔毫”。**❹⑤**具質料色澤之考究，表明了當時品茶藝術的提高。不僅注意品茶的味與香，而且還考慮到茶色之宜人。有謂：“盞色貴青黑，玉毫條達者爲上，取其煥發茶色也”。**❹⑥**對於茶具的形狀重量也別有所重。如“茶匙要重，擊拂有力，黃金爲上，人間以銀鐵爲之，竹者輕，建茶不取”。又“瓶要小者易候湯，又點茶注湯有準，黃金爲上，人間以銀鐵或瓷石爲之”。**❹⑦**茶盞，“底必差深而微寬，底深則茶直立易以取乳，寬則運筅旋徹，不凝擊拂。然須度茶之多少，用盞之小大，盞高茶少則掩蔽茶色，茶多盞小則受湯不盡，盞惟熱則茶發立久。”**❹⑧**茶具選用的細緻考究也是品茶水平提高的一個重要方面。

唐宋時期，隨著飲茶之普及，品茶之道更趨完善系統。不但注意到茶葉生產中的質量保證，而且重視品茶過程中色、香、味的形成與體會。所以泡品茶的過程中，備有一套繁瑣考究之程序，其內容包括用水、用具及煮茶技藝各個方面，表現了科學思想與藝術特色。反映了唐宋時期，已從一般的飲茶發展爲追求藝術情趣和享受的品茶階段，成爲以後物質文明生活的又一追求與風彩。

---

❹⑤　〔宋〕蔡襄：《茶錄》。

❹⑥　〔宋〕宋徽宗：《大觀茶論》。

❹⑦　〔宋〕蔡襄：《茶錄》。

❹⑧　〔宋〕宋徽宗：《大觀茶論》。

第十一章　唐宋食品貯存加工
的技術類型與特色

　　食品貯存加工，主要是對那些尚未經過烹飪的諸如糧食、果蔬、肉類等各種各樣的食物原料而言。食物原料在空氣中存放了一定的時間後，由於其本身的微生物生命活動和食品中酶所進行的生物化學反應，會致令食物變質敗壞，影響了食品的食用衛生與食用價值。所以食品貯存加工，目的就是爲了防止食物的腐敗變質，以保持食物在一定時間內，能夠保持或基本保持其原有的新鮮風味和營養成份，使人們能夠隨時享用新鮮可口、乾淨衛生的食品。

　　唐宋時期，社會經濟不斷發展，物質生活水平不斷提高，食物品種愈加豐富。如何保證不斷積累的食物原料，在相應的時間內仍然能夠爲社會生活提供優質合宜的食品，便成爲社會經濟文化生活的又一重要課題。在經濟發展變化的條件下，食品貯存加工技術的發展提高是勢所必然的。在繼承我國古代食品貯存加工優秀傳統的基礎上，唐宋時期進一步提高了食品貯存加工的技術水平，廣泛應用各種合理的食品貯存加工技術措施，留下了不少寶貴的科學經驗，給當時及後來社會經濟文化生活帶來了重要的影響。綜合言之，唐宋時期，食品貯存加工大體上可劃分爲兩大技術類型，各施各法，各有側重，各具特色，具體發展狀況有如下述。

二、 保鮮貯存類型與特色

所謂保鮮貯存，是指食物原料在貯存加工的過程中，基本上沒有施之與機械性的加工，而且食物原料本身基本上沒有產生化學和物理的變化。除了保持食物原料的各種營養成份外，還能基本上保持其原有的外形、色澤、原味及新鮮程度。此一類型比較集中和合適應用在糧食和果蔬等食物原料，其具有多種多樣的技術方式和方法。歸納之，主要有以下若干方面。

(1) 堆藏與埋藏

這是最為簡單易行的貯存加工方法。主要是依靠天然氣溫調節或以一般泥土作為貯存材料。這種方法在貯存期間不便對食物原料進行檢查，所以食物原料在入貯前必須嚴格挑選產品。如柑橘果品，“採藏之日，先淨掃一室密糊之，勿使風入，布稻稾其間。堆柑橘於地上，屏遠酒氣。旬一日翻揀之，遇微損謂之點柑，即揀出，否則侵損附近者，屢汰去之，存而待賈者十之五六。人有掘地作坎，攀枝條之垂者，覆之以土，至明年盛夏時開取之，色味猶新”。❶又有謂：“收橘子同葉同收，層層相間，入土壅之不壞”。❷埋藏法，則主要適用於直根與塊莖類的食物原料。藕，“好肥白嫩藕，不計多寡，向陰濕地下埋之，可以經年如新，如要將遠，以淤泥中埋之不壞”。❸還有以果蔬混堆間藏的貯存

---

❶ 〔宋〕韓彥直：《橘錄》，卷下。

❷ 〔宋〕蘇軾：《物類相感志》。

❸ 〔宋〕陳元靚：《事林廣記》別集，卷七。

方法，“藏梨子，用蘿蔔間之，勿令相著，經年不爛，或削梨插蘿蔔上，亦不得爛”。❹或有“金橘產於江西諸都，……。往時因溫成皇后好食，價重京師，然患不能久留，惟藏菉豆中，則經時不變，蓋橘性熱，豆性涼也”。❺利用兩種果蔬在生命的活動過程中，相互釋放或吸收某些物質，以創造一個良好的食物貯存環境。

(2) 冷　藏

冷藏法，是在某些果蔬或肉類原料不喪失細胞生活機能的條件下進行的低溫冰凍。唐代《四時纂要》曾載，每當十二月份之時，就有農家進行貯雪。其意義雖不明瞭，或者是留作日後貯存食品，或者是對一些食物進行消毒處理，至少和貯藏有關。宋代，對於低溫冷藏食物所具有的貯存作用，更有充份的認識。當時對冰雪的利用已不僅限於冷飲冷食，還廣泛應用於食品貯存中。“臘雪水淹浸果實不壞”，所以，“十二月，洗潔淨瓶或小缸，盛臘水，遇時果出，用銅青末與果同入臘水內收貯，顏色不變如鮮。凡青梅、枇杷、林檎、小棗、葡萄、蓮蓬、菱角、甜瓜、綠橙、橄欖、荸薺等果，皆可收藏”。❻而且還應用於肉類貯存中，如石首魚，“夏初則至，吳人甚珍之”。爲防變質，“沿海大家始藏冰，悉以冰養，魚遂不敗”。“以有冰故，遂販至江東金陵以西，亦古之所未聞也”。❼表現了宋代冷藏貯存的進步。

---

❹　〔宋〕蘇軾：《物類相感志》。

❺　〔宋〕張世南：《游宦紀聞》，卷二。

❻　〔宋〕蘇軾：《格物粗談》，卷上。

❼　〔宋〕范成大：《吳郡志》，卷二十九。

(3) 窖 藏

窖藏法，是唐宋時期採用較爲廣泛的一種食品貯存方法。其特點是較好利用土壤的不良導熱性和濕度，以保持貯存環境中的溫度與濕度。所以窖藏內一般是冬暖夏涼，可以作爲長期貯存食物原料之用。與其它貯存方法相比，窖藏法可以有較大的貯存量，而且便於食物原料的取用和檢查，在當時的食品貯存方法中具有重要的地位，也顯示了較高的水準。一九七一年曾對洛陽隋唐含嘉倉進行了發掘調查工作，其中六個已發掘的糧窖所顯示的窖藏情況，反映了當時窖藏的規模及設施都具有相當的先進性。其建窖程序及形制結構大體上是從地面向下挖一個土窖，然後鋪設木板或草，上面再加鋪穀糠和席。窖壁用木板鋪砌而成，有的在木板和儲糧之間還夾有圍席和穀糠。窖頂則是木架結構的草頂。土窖挖成後，爲了防止底部濕氣上升，造成儲糧發霉變質，還對窖底進行嚴格的防潮處理。首先對窖底加固夯實，然後進行火燒處理，使土壤表層堅硬乾燥，再加鋪紅燒土碎塊和黑灰等拌成的混合物質以充作防潮層。防潮層上還鋪設木板和草。而且地窖築成口大底小的缸形窖，既可以防止窖壁塌陷，也便於鑲砌壁板和保持其壓力，具有良好的貯藏性能。在一六〇窖內還保持著大半窖已經炭化的穀子，但其顆粒仍相當清晰。❸可見當時的窖藏法已具備貯存量大及貯存性能良好的特點。除了窖藏糧食產品，其它果蔬之類的食物原料也可採用窖藏法。 "地中掘一窖，或稻草或松茅鋪厚寸許，將剪刀就樹上剪下橘子，不可傷其皮，即逐個排窖內，安二、三層。別用竹梁架定，又以竹箄閣上，再安一、二層，

---

❸ 〈洛陽隋唐含嘉倉的發掘〉，《文物》，一九七二年三期。

却以缸合定，或鳥盆亦可，四周濕泥封固，留至明年不壞"。❾
甘蔗，"以土窯藏至春夏，味猶不變"。❿可知窯藏法利用之廣
泛普遍。而其中先進旳防潮處理方法更是長盛不衰，爲後人所沿
用。如元代藏糧，"夫穴地爲窯，小可數斛，大至數百斛。先令
柴棘，燒投其土焦燥，然後周以糠，穩貯粟於內。……。北地土
厚，皆宜作此，江淮峻土厚處，或宜仿之。既無風雨省鼠之耗，
又無水火盜賊之慮"。⓫藏薑，"宜掘深窯，以穀稗糠秕合埋之，
則不致凍損"。⓬直至今天，窯藏法在實際應用中仍不失其重要
意義。當然窯藏法只適用於地下水位較低，氣候乾旱的北方地區。
如"陝西地既高寒，又土紋皆堅，官倉積穀，皆不以物籍"。"民
家只就田中作窖，開地如井口，深三四尺，下量畜穀多寡，四圍展
之。土若金色，更無沙石，以火燒過，絞草絪釘於四壁，盛穀多至
數千石，愈久亦佳"。而"江浙倉庾去地數尺，以板爲底，稻連稈
作把收。雖富家亦日治米爲食。積久者不過兩歲而轉。地卑濕，而
梅雨鬱然，雖穹梁屋間猶若露珠點綴也"。⓭所以不能一概而論。

(4) 氣調貯藏

　　氣調貯藏，是指食物原料在密封的條件下，由於活成份的呼
吸作用，使食品貯存環境中氧氣消耗，而二氧化碳增加，通過調

❾　〔宋〕蘇軾：《格物粗談》，卷上。

❿　〔宋〕吳自牧：《夢粱錄》，卷十八。

⓫　〔元〕王禎：《農書》，卷十六，〈農器圖譜十〉。

⓬　〔元〕魯明善：《農桑衣食撮要》，卷上。

⓭　〔宋〕莊綽：《雞肋編》，卷上。

氣使食物原料得以保鮮貯存。這一貯存技術，時主要應用於諸如果、蔬等有生命活動的食物原料。氣調貯藏法，能抑制食物原料的呼吸作用，在保持食物原料的鮮度及味道方面，更勝一籌。唐宋時期，在食品貯存中已較爲普遍地應用原始的氣調貯藏方法。主要是利用簡單的用具對食物原料進行密封保鮮，以食物原料自身的呼吸作用來達到氣調貯藏的目的。如"地上活毛竹，挖一孔，揀有蒂櫻桃裝滿，仍將口封固，夏開出不壞"。"石榴連枝藏瓦新缸內，以紙重封密收"。❹或者"用上等好錫打作有蓋罐子，揀取完全青欖裝滿，紙封縫，放在淨地，五、六月間不壞"。❺主要使用了諸如竹筒、碗、缸、甕等簡單用具，或結合窖藏方法進行氣調貯藏。當時的氣調貯藏，很明顯只是建立在經驗之談的基礎上，尚未能作出更爲科學的評價和總結。但畢竟開了氣調貯藏的先聲，表現了古代中國人民的聰明才智，他們在長期的生產鬥爭實踐中，又爲人類食品的貯存加工發展提供了更爲豐富的經驗與優良傳統。

此外，還有不少保鮮貯存的方法也具有一定的水平，即使今天也有不少值得借鑒之處。或對食物原料進行人工乾焙。"焙茶、藥，茶藥以火閣上及焙籠中長令火氣至"。❻"糖霜，入新甕以箬葉封之，覆懸灶上，雖久不溶"。❼主要是採取某些措施對食物原料提供熱量，促使其水份蒸發，以保持食品良好的品質狀態。

---

❹ 〔宋〕蘇軾：《格物粗談》，卷上。

❺ 〔宋〕陳元靚：《事林廣記》，別集，卷七。

❻ 〔唐〕韓鄂：《四時纂要》，卷五。

❼ 〔宋〕陳元靚：《事林廣記》，別集，卷七。

或有採用灰藏之法，"染坊瀝過淡灰，曬乾，用以包藏生黃瓜、茄子，至冬月可食"。[18] "茄子以爐灰藏之，可至四、五月"。[19]灰屬含鹼物質，有吸收二氧化碳的作用。灰藏既可在食品貯存中形成低氧環境，也可避免二氧化碳過高，且微生物在灰內也不易滋生。藏灰要進行曬乾，是爲了降低鹼性，以免對果蔬造成不必要的損傷。或者利用某些中草藥性進行食品貯存。"雞豆一斗，用防風四兩，換水浸之，久久益佳，他果煮以防風水浸之，經月不壞"。[20]保鮮貯存類型的方法儘管層出不窮，多姿多彩。歸根結底，都是爲了盡可能在較長的時間內保持食物原料的新鮮程度及本味成份。

與現代的貯存方式相比，唐宋時期的貯存條件相對還是較差的，但却能在多種食物原料的保鮮貯存中取得良好效果。不少食物原料都能保鮮貯存數月或半年，甚至一年以上。這與當時食物原料保鮮貯存呈現先進性與系統性的技術特色有密切關係。所謂先進性，已能夠充份利用多種較先進的貯存方式方法來發揮保鮮貯存的功效。所謂系統性，則是指食物原料在保鮮貯存過程中，不僅以保鮮貯存的作用爲主導，而且還注意以食物原料本身所具有的適應性生理爲基礎，配合重要的生活條件與生活環境，以趨利避害，加強食物原料的貯存效果。如柑橘，"歲當重陽，色未黃，有採之者，名曰摘青，舟載之江浙間。青柑固人所樂得，然採之不待其熟"。"遇天氣晴霽，數十輩爲群，以小翦就枝間平蒂斷之，輕置筐筥中，護之必甚謹，懼其香霧之裂則易壞。霧之

---

[18] 〔宋〕浦江吳氏：《中饋錄》。

[19][20] 〔宋〕蘇軾：《格物粗談》，卷上。

所漸者亦然，尤不便酒香，凡採者竟日不敢飲"。㉑對於如何適
應果實的生理特點與保鮮貯存的關係有較充份的認識。其中很有
科學道理，如橘皮油脆的破壞，會造成病菌乘虛而入，致使果實
腐敗。所以常不待果實完全成熟則採之，以便於貯存運輸。而避
免酒氣，是因為酒一類的刺激性氣體會促進果實後熟、衰老，對
食物原料的保鮮貯存甚為不利。在貯存環境上，如氣溫、濕度等
也著意調節控制以適合食物原料的生活條件。如"梨子最怕凍，
宜頓煖處"。又"生荔枝，臨熟者摘入甕，蒂澆蜜浸之，油紙緊
密甕口，勿令滲水，投井中，雖久不損"。㉒根據不同的食物原
料特性，對貯存環境中的濕度、溫度分別採取不同的調製措施。
所以唐宋時期的保鮮貯存，乃是以保鮮的作用因素為主導，以食
物原料的適應性生理為基礎，配合重要的貯存生活條件（低溫或
高溫等），力求創造一個趨利避害的貯存環境。具有鮮明的先進
性和系統性。其中不少經驗和方法，即使今天也具有其實用與科
學意義。

二 乾製貯存類型與特色

乾製貯存也可稱之為加工貯存，它與保鮮貯存類型有所不同，
它主要是通過對食物原料進行機械性加工以達到貯存目的。乾製
後的食物原料在水份、重量、體積都有一定程度的減縮，而且色
澤形狀也有差異。由於食物原料中乾物質含量提高與水份活性降
低，抑制了微生物的活動，更加有利於運銷以及長期貯存，特別

㉑ 〔宋〕韓彥直：《橘錄》，卷下。
㉒ 〔宋〕陳元靚：《事林廣記》，別集，卷七。

是在肉類食品的貯存加工，更爲保鮮貯存類型所不及。

　　唐宋時期，隨著食品貯存加工技術的發展，食品乾製貯存更爲盛行，水平更高。根據不同的加工製作特點，主要分爲三大類別的加工方法。

　　其一是乾燥法。首先對食物原料進行簡易加工，或利用自然乾燥方法，或依靠熱能汽化來蒸發食物原料中的水份，使之成爲乾製品。因爲水份是微生物生命活動中所必需的。當食物原料中的水份降低到一定比例以下，就能抑制自身的微生物活動，有助於食物原料的貯存。如 "霜後初生栗，不以多少投水盆中，去浮者，餘漉出，淨布拭乾，更於日中曬少時，將粟裝入瓶。一層栗一層少，約九分滿。每瓶二三百介，不可太滿，用箬葉一重蓋覆，以竹筏按定。掃一淨地，並瓶倒置其上，略以黃土封之，遂旋取緊實如初，但不可令近酒氣，如此收藏，可至來春不壞"。[23] 又荔枝，"白曬者正爾，烈日乾之，以核堅爲止。畜之甕中，密封百日，謂之出汗，去汗耐久，不然踰歲壞矣"。[24] 魚肉類食品也可應用乾燥法。"淡脯"，"取獐、鹿肉，如常脯。厚作片，陰乾，勿著鹽，即成脆脯，至佳"。[25] 乾燥後的食物原料多數需要進行密封貯存，使乾燥後的食品含水量與周圍一定溫度條件下的空氣溫度，能夠在相當長的時期內保持平衡，保證貯存食品的質量。

　　此外，食品貯存乾燥還包括澱粉提製，在乾燥技術上要求更

㉓　〔宋〕陳元靚：《事林廣記》，別集，卷七。

㉔　〔宋〕蔡襄：《荔枝譜》。

㉕　〔唐〕韓鄂：《四時纂要》，卷五。

爲複雜。唐人所造署藥粉，“二、三月內，天晴日，取署預洗去土，小刀子刮去黑皮後，又削去第二重白皮，約一分已來，於淨紙上著，安竹箔上曬。至夜，收於焙籠來，以微火養之。至來日又曬，如陰，即以微火養，以乾爲度。如久陰，即如火焙乾，便成乾署藥，入丸散使用。其第二重白皮，依前別曬乾，取爲面，甚補益”。㉖澱粉提製，需要自然乾燥與人工乾燥相結合。而且當時澱粉提製的乾燥加工，已不僅限於一、二種食物原料品種。

“作諸粉，藕不限多少，淨洗，搗取濃汁，生布濾，澄取粉。芡、蓮、鳧茈、澤瀉、葛、蒺藜、茯苓、署藥、百合，並皆去黑，逐色各搗，水浸，澄取爲粉。以上當服，補益去疾，不可名言，又不妨備廚饌”。㉗澱粉提製，一方面既能以更多形式貯存食物原料本身及其養份，也能進一步擴大對自然資源的利用，改變與豐富人們的飲食結構及飲食風味，這是唐宋食品貯存加工技術發展的又一表現。

其一是腌製法。使用鹽或其它配料對新鮮的食物原料進行腌製。腌製食品的特點主要是利用食鹽的高滲透壓與微生物發酵及蛋白質水解的作用，使產品具備特有的色、香、味和脆嫩食品。腌製法的貯存加工主要是以蔬菜和肉類爲對象。

首先是蔬菜食品的腌製，按其加工特點也有所不同。較多的是以鹽腌爲主。在食品腌製中，鹽的用量達到一定比例時，能抑制瓜蔬的微生物活動，增加食物原料的防腐性能而耐於貯存。宋代浦江吳氏所撰《中饋錄》就記載了不少以鹽爲主的腌製瓜蔬的

㉖　〔唐〕韓鄂：《四時纂要》，卷二。

㉗　〔唐〕韓鄂：《四時纂要》，卷四。

方式方法。如“乾閉甕菜”，“菜十斤，炒鹽四十兩，用缸腌菜。一皮菜，一皮鹽，腌三日，取起。菜入盆內，揉一次，將另過一缸，鹽鹵收起聽用，又將菜取起，又揉一次，將菜另過缸，留鹽汁聽用。如此九遍完，入甕內。一層菜上，灑花椒、小茴香一層，又裝菜如此。緊緊實實裝好，將前留起菜鹵，每壇澆三碗，泥起，過年可吃”。又“鹽腌韭”，“霜前，揀肥韭無黃梢者，擇淨，洗，控乾。於瓷盆內鋪韭一層，糝鹽一層，候鹽、韭勻鋪，盡爲度，腌一、二宿，翻數次，裝入瓷器內。用原鹵加香油少許，尤妙”。還可間接地對水果類食物進行鹽腌。宋代荔枝的“紅鹽之法”便是一例。“民間以鹽梅鹵浸佛桑花爲紅漿，投荔枝漬之。曝乾色紅而甘酸，可三四年不蠹，修貢與商人皆便之”。❷❽所謂“鹽梅”，據明代李時珍《本草綱目》所載，乃是“取火青梅以鹽漬之，日曬夜漬，十日成矣，久乃上霜”。然鹽腌果品，正如宋蔡襄《荔枝譜》所云“絕無正味”。所以當時並不流行。鹽腌瓜蔬，還可脫除菜水及青辣味，食用時更加風味獨特。另外，也有以醬腌方式對瓜蔬食物進行貯存加工。醬腌方式實際上也是從腌製方法中發展而來。通常是把新鮮瓜蔬先行以鹽腌製後，再以醬料或酒糟等製作成別具風格的腌製食品。如“醬瓜”法，“黃子一斤，瓜一斤，鹽四兩。將瓜擦原腌瓜水，拌勻醬黃，每日盤兩次，七七四十九日入罈”。“糟薑”法，“薑一斤，糟一斤，鹽五兩，揀社日前可糟。不要見水，不可損了薑皮，用乾布擦去泥，曬乾乾後，糟塩拌之，入甕”。❷❾還有一種類似乳酸發酵的

---

❷❽　〔宋〕蔡襄：《荔枝譜》。

❷❾　〔宋〕浦江吳氏：《中饋錄》。

腌製瓜蔬食品，薯蕷，"去皮，於筹籬中磨涎，投百沸湯中，當
成一塊。取出，批爲炙臠，雜乳腐爲罷炙。素食尤珍，入饌用亦
得"。㉚時蔬果腌製貯存可謂花樣百出。

肉類腌製則主要採用鹽腌法。主要是利用食鹽排出肉中過多
水分。食鹽逐漸滲入肉纖維中，使肉類食品易於保存，也形成了
其特有的肉製品風味。如"白脯"的製作，"牛、羊、獐、鹿等
精肉，破作片，冷水浸一宿，出，搦之，去血，候水清乃止。即
用鹽和椒末，淹經再宿，出陰乾，捧打，踏令緊。自死牛羊亦
得"。㉛腌肉製作，"用炒過熱鹽擦肉，令軟勻。下缸後，石壓
一夜，掛起。見水痕即以大石壓乾，掛當風處不敗"。還可以類
似的方法腌製魚類產品，"臘中鯉魚切大塊，拭乾，一斤用炒鹽
四兩擦過，淹一宿，洗淨晾乾，用鹽二兩，糟一斤，拌勻，入甕，
紙、箬、泥封塗"。㉜唐代開始了製作脫水即食的肉類製品，"兔
脯，先作白鹽湯，煮熟，去浮沫。欲出釜時，尤急火，火急乾易。
置箔上，陰乾即成，脆美無比。……如五味者，先須鹽（加五
味）腌兩三宿後，猛火焙熟，乾，味甚佳矣"。或"乾臘肉，取
牛、羊、獐、鹿肉，五味淹二宿，又以葱、椒，鹽湯中猛火煮之，
令熟後，掛著陰處，經暑不敗，遠行即致麨"。㉝類似現代日常
家居生活中常見的肉乾、肉鬆一類的食品。反映了唐宋時期肉類
貯存加工的先進水準。

㉚　〔唐〕韓鄂：《四時纂要》，卷二。
㉛　〔唐〕韓鄂：《四時纂要》，卷五。
㉜　〔宋〕浦江吳氏：《中饋錄》。
㉝　〔唐〕韓鄂：《四時纂要》，卷五。

其三是糖製法。主要應用於果品的貯存加工中，通常是以完整果實或塊狀果肉經糖煮或糖漬而成。即所謂蜜餞、果脯一類的食品。

唐宋時期，果品糖製貯存加工十分普遍，南北如是，而且品種質量都具有相當水平。如山橘子，"冬熟有大如土瓜者，次如彈丸者。皮薄下氣，普寧多之。南人以蜜漬和皮而食，作琥珀色，滋味絕佳"。❸❹椰子，"南人取其肉糖飴漬之，寄至北中作果，味甚佳也"。❸❺這些都是具有南方特色的糖製品。北方也以其特產果品加工糖製品。如桃杏等，"杏一百箇，鹽半斤，淹三日，半乾，冷水洗過，曬乾，熟蜜三斤浸，曬蜜乾爲度。桃一百枚，去皮核，切作片子。先以蜜去酸水，然後用別蜜煎，潷去曬乾方收之"。❸❻唐宋時期，除了以蜜、飴加工糖製果品外，隨著蔗糖生產的普及發展，糖製品中蔗糖的應用日漸增多。據宋代《西湖老人繁勝錄》記載，當時南宋都城臨安的蜜餞、果脯類食品，如"蜜金橘、蜜木瓜、蜜林檎、蜜金桃、蜜李子、蜜木彈、蜜橄欖、昌園梅、十香梅、蜜楎、蜜香、瓏纏茶果"等食品，"糖煎尤多"。蔗糖的應用，爲果品糖製貯存加工開闢了新途徑。

糖製品的製作工藝上也具有較高的水平。"凡煎果最要邃其本性，酸苦辛硬隨性製之。以半蜜半水煮，十數沸，乘熱控乾，別換純蜜，入銀石銚內，用文武火煮，取其色明透爲度。入新缶盛貯之，緊密封窰，勿令生蟲"。❸❼其基本工序包括原料的處理，

---

❸❹ 〔唐〕段公路：《北戶錄》，卷三。

❸❺ 〔宋〕唐愼微：《重修政和經史證類備用本草》，卷十四。

❸❻❸❼ 〔宋〕陳元靚：《事林廣記》，別集，卷七。

糖煮及控乾入貯等，尤以糖煮技術對成品質量的關係最爲密切。
當時已運用多次煮成法。首先對果品進行預煮，以排除果肉中的
空氣及酸水苦汁，有利於糖煮時糖液的浸透。如"煎櫻桃"，"不
以多少，挾去核。銀石器內，先以蜜半斤，慢火熬煎，出水控向
齊箕中令乾。再入蜜兩斤，慢火煎如琥珀色爲度，令以甕器收貯
之爲佳也"。❸所以當時糖製品質量優異，品味超卓。或有"赤
明香"，"世傳仇士良家名脯也，輕薄、甘香、殷紅、浮脆，後
世莫及"。❸

乾製貯存類型，儘管品種多樣，方法各異，但都有一些共同
的特點。首先乾製食品的貯存加工，具有較強的抗腐蝕性，貯存
周期較之保鮮貯存類型要長，等別適宜於肉類食品的貯存加工。
正如宋人劉昌詩《蘆浦筆記》所載。"南人以魚爲鮓，有十年不
壞者。其以簞及鹽麵雜漬，盛之以甕，甕口周周水池，覆之以碗，
封之以水，水耗則續，如是故不透風"。肉類製品可貯十年不壞
者，或許是誇張之說，而在某種意義上則說明了乾製貯存加工具
有一定的先進性和優異性。其次，乾製貯存加工的食品，儘管形
狀色澤、重量均有變化，但其內在的營養成份並沒有很大的損失，
而且成品一般不會對人體健康產生危害。其別具獨特之風味，更
爲保鮮貯存的食品所不及，進一步豐富增添了人們的食品種類和
食品風味。再次，乾製貯存的食品，由於其貯存周期長，易於保
管、包裝及遠銷，所以在社會經濟生活中具有一定的商業性生產
意義。北宋孟元老《東京夢華錄》所記載開封城市的商業活動中，

---

❸　〔宋〕陳元靚：《事林廣記》，別集，卷七。

❸　〔宋〕陶穀：《清異錄》。

就有不少諸如蜜煎店、糟薑鋪一類的專業性經營店鋪。南宋臨安，
"都下市肆，名家馳譽者"，就有"戈家蜜棗兒"專營糖製食品
的名鋪。❹所以乾製貯存加工的食品生產越來越具有商品經濟的
特色。

　　唐宋時期，食品貯存加工主要分爲兩大技術類型，即保鮮貯
存類型和乾製貯存類型。其貯存加工的方式方法、風格特點均有
所不同，但都顯示了較高的工藝技術水平，具有實用性和科學性，
在古代中國的食品貯存加工技術的發展史上，留下了不少寶貴的
科學文化遺產，佔有十分重要的歷史地位。而且食品貯存周期長，
加工品類別具風格，促進了食品市場的活躍，豐富了社會飲食生
活內容，有助於食品商品化程度的提高和穩定社會經濟生活。唐
宋時期，城市經濟繁榮興盛，飲食消費供求的相對平衡，食品貯
存加工技術的發展提高不能不是一個重要因素。又一次證明了科
學技術也是生產力，同樣能對生產關係的調整變革產生不可忽視
的作用。

---

❹　〔宋〕灌圃耐得翁：《都城紀勝》。

第十二章　唐宋飲食文化
要籍考述

　　隨著生產的發展和社會的進步，飲食最終成爲人類文化的一個重要組成部份。中國古代飲食文化源遠流長，飲食文化書籍的誕生出現也經歷了一個歷史發展過程。唐宋時期，封建社會經濟的巨大發展，商業都市的繁榮興盛，飲食文化更加發揚光大。唐宋士人筆下，有關飲食文化方面的著述越來越多，流傳更廣，給後人留下了豐富寶貴的飲食文化遺產。

　　唐宋時期的飲食文化要籍，大體可分爲兩大類別。一類是專門記述飲食內容的專著，通常可稱之爲食經，一類是關於社會經濟文化生活各個方面的史籍，或某一門類的專著，而其中包含有較爲豐富的飲食文化資料。這兩大類型的史籍，對於反映唐宋飲食文化的生動歷史畫卷具有十分重要的意義。關鍵在於如何整理，如何考釋及發掘運用。根據現存唐宋時期的有關飲食文化方面的要籍，從內容上略作考述，以利於唐宋時期飲食文化的進一步探索與研究。

一、食　經　類

1.　《食譜》

　　《食譜》一書爲唐代韋巨源所撰。此書與其說是食譜，倒不如說是食單或菜單似更恰當。因爲它除羅列菜單以及略作小注，基本上沒有較具體的加工烹調法及其飲食內容。本書正如其開篇所云，乃是“韋巨源拜尙書令上燒尾食，其家故書中尙有食帳，今擇奇異者略記”。既然如此，自然不可能很詳盡，幸好有些菜餚條目附有簡注，從中也可窺見一些與烹調法有關的具體內容。

所謂“燒尾食”，根據宋人錢易《南部新書》介紹，是唐初大臣宮宦上任高遷時爲了感恩，向皇帝進獻的饌食。此風習從唐中宗景龍時期開始，唐玄宗開元以後逐漸停止。書中所列食譜無疑是宮廷中的高級食品。製作講究精美，選料優質上乘，其取名以及造形也頗費心思。如“生進廿十四氣餛飩”，是外形花樣與餡料各異的二十四種餛飩，很明顯已經不是單純地追求食餚的食用價值了。享受這類食品，只有統治階級的上層人物才可能有這樣閒情逸趣。又“五生盤”，以羊、豬、牛、熊、鹿等原料合併經過精心製作的佳餚。顯示了唐代宮廷飲食的奢華氣派。

《食譜》中還有兩個特點較爲明顯。一是食單中點心類食品較多，其中所列五十八例食餚中，糕、餅、酥一類的食品就有十九例。表明了唐代統治階級上層的飲食生活中，在把烹飪作爲果腹手段的同時，也把品味作爲一種感官享受。在兩餐之間點綴一下口腹，已成爲皇室宮廷上層人物的一種享受。二是肉類食餚也佔有較大比重，計有羊六例，牛、豬五例，熊、兔、狸、鹿等六例，雞、鵝、鵪鶉等四例，魚五例，蟹、蝦、鱉、蛤、蛙五例。可見，唐代皇室宮廷的飲食結構中動物類食物佔有相當重要的地位。山珍海味，大魚大肉已經成爲宮廷食品的重要組成部份。

書中食餚菜目單有些附有簡注，儘管很簡單，但有些確實能解決疑難。如“巨勝奴”，注爲“酥蜜寒具”，令人明瞭那是一種加上蜜糖及芝麻的油炸點心。時稱黑芝麻爲"巨勝"也。又"雪嬰兒"，注爲"治蛙，豆英貼"。也可理解爲蛙肉裏調豆粉下鍋煎貼。只是有些食餚名稱加了簡注仍然難以理解爲何物。如"分裝蒸臘熊"，注爲"存白"，就不好理解。當然《食譜》所錄留的食單，畢竟給後人留下了唐代宮廷的豐盛菜譜，對於探討唐代食餚的特點具有一定的研究價值。

2.　《膳夫經》

《膳夫經》，據粵雅堂叢書介紹是爲唐代巢縣令楊曄所撰。成書於大中十年。它與韋巨源《食譜》一樣，也沒有涉及具體的烹調法。甚至沒有羅列菜單食譜。而只是把一些食物原料的外形與內在特徵、避忌及其產地逐一介紹，內容較爲廣泛，包括有豆類、蔬類、果類、肉類等。

《膳夫經》所介紹的食物特徵，包括其外形與性質，頗爲詳盡。如"薏苡，味甘香，微寒，所在有之。宜山田，苗如穄，珠子形似粟米大，如小豆，煮食之甚美"。或櫻桃，"其種有三，大而殷者吳櫻桃，黃而白者臘珠，小而赤者曰水櫻桃，食之皆不如臘珠"。在食物避忌方面的內容也較爲豐富。食物避忌可分爲兩種類型。一是人爲的避忌，屬於主觀意識問題，著重於"名"的方面；二是自然的避忌，屬於客觀存在的問題，則著重於"實"的方面。前者如署藥，"本爲署預，犯代宗諱"。苆蔞，"本括蔞，避憲宗諱耳"。鵪子，"本爲鶉子，避順宗諱，故改焉"。楊曄身爲朝廷宮員，對類似的問題自然諱忌十分。因此反映在本書上，自然要添加這一類似乎價值不大的內容。不過對於某種食物的原名，也多少爲後人保留了一些考證之價值。自然避忌，實際上是食忌，主要指某些食物不宜多食或食物由於本身的變異或變種不能食用等。這無論在烹飪、食療、中醫等方面都具有一定的意義。如水葵，"味甘平，無毒，性冷而疏宣，多食損人"。又"凡木耳菌子之赤色、黃色、青色，黑兼爛者例有毒，白視者無毒"。還介紹了解毒方法。"凡中菌毒，急取乾魚汁，飲之立愈，梨汁飲之亦可"。或羊，"有三種不可食，毛長而色黑壯者曰骨𤫊，白而有角者曰古羊，皆羶臭發病"。可見唐代對於食物衛生及食物中毒的預防與解救方法已有一定的認識。關於食物原料的產地問題，主要指出了食物原料來源地及地域質量差異。前者還可以歸爲飲食範疇，後者則宜爲農家所用。水葵，"出鏡湖者瘦而味短，不如荊郢閒者"。虜豆"微似白豆而小，北地少而江淮多"。有些內容，即使今天也符合農家種植規律。薏苡，"微寒所在有之，宜山田"。署藥，"多生崗阜宜沙地"。

　　關於茶葉方面的內容較多，篇幅幾佔五分之三。簡略地介紹了飲茶的起源及盛行的情況。特別是介紹了當時各地名茶品種，並作了簡略的比較。大多數是從量的角度，如茶葉的品種內容等，而沒有從茶質、茶葉的飲用製作特點等作更進一步的詳述。偶爾也有記載某些地區茶葉飲用的特點。如舒州天柱茶，"此種茶性有異，唯宜江水煎得井水即赤色而無味"。但此類內容爲數尚少，說明了作者尚未能從實踐中作進一步的總結。

　　《膳夫經》主要和著重記載了各地食物原料及粗加工的一些內容，實際上稱其爲方物誌或風物誌似更爲恰當，題爲《膳夫經》可謂有點文不對題。

　　3　《膳夫錄》

《膳夫錄》，據古今說部叢書載是爲唐代鄭望之的作品。鄭望之是爲宋朝人已爲確證，而且內容上也不似爲唐代作品。書中"廚婢"條就與宋代蔡京有關，"蔡太師京廚婢數百人，庖子亦十五人"。全書僅有十四條飲食項次，不少內容是與唐代《食譜》或《膳夫經》雷同。如"五生盤，羊、兔、牛、熊、鹿並細治"。"王母飯，遍縷卵脂蓋飯麵，裝雜味"。《食譜》中已有記載。又"鯽魚膾，膾莫先於鯽魚，鯿、魴、鯛、鱸次之，鱭鮧、黃竹五種爲下，其他皆強爲"。還有"羊種"與"櫻桃"條則與《膳夫經》所載基本相同。只是個別字眼略有差異罷了。或者是宋人隨手抄錄有關烹飪的史事，作爲備忘錄記之。象"食單"條也只是寥寥數語，"韋僕射巨源有燒尾宴食單"。或者可能由於書中主要是記述了隋唐時期的有關飲食內容，故爲後人所誤。

本書多少保留了一些隋唐時期的宮廷菜餚。"食檄"條，"有羃肶、牛膵、炙鴨、脯魚、熊白、羃脯、糖蟹、車螯"。"食品"條載"隋煬帝有縷金龍鳳蟹、蕭家麥穗生、寒消粉、辣驕羊、肉尖麵"。從飲食風格上看是南北兼備，既有山珍，也有海味，可惜沒有留下製作方法。"汴中節令"，把一年主要節令中，民間所備的節令食品按順序記錄下來，由於缺乏製作方法，也很難從食餚中判斷其品類及所用原料。如"上巳，手里行廚"，"四月八，指天餕餡"。有些食譜也許現在已經消失或者不怎樣流行了。"名食"條中，"衣冠家名食有涼胡突，鱠鱧魚、臆連蒸、羃羃皮、索餅、上牢丸"。明顯是貴族士人的名餚，然製法不詳，也難斷爲何物。

另外，從書中稀少的記載中也隱約反映了唐宋時期飲食業隊伍的發展。"廚婢"條中記載了宋代蔡京家中已有專職廚師及廚婢，飲食服務已成爲社會生活的一種行業或職業，而且內部可能還有更細緻的分工。"廚婢"條中還載，"段丞相有老婢名膳祖"。說明了唐宋時代廚房行業中也有由婦女執掌，既稱爲"膳祖"，很可能還有"膳子"，"膳孫"，世代相承。

《膳夫錄》一書，若能進一步結合更多的材料，有些內容還是很有意義的。

4. 《玉食批》

《玉食批》僅收入《說郛》（宛委山堂本）中。據稱是宋司膳內人所撰，其是"偶敗篋中得上每日賜太子玉食批數紙，司膳內人所書也"。所以只是筆錄了一些食饈之名，未及各種菜式的製作方法。由於文中述及南宋高宗到清河王張俊家中赴宴一事，故多認爲是南宋中後期的作品。

既爲皇帝所賜給太子的食單，故文中所錄一般都是宮廷中較高級的特殊食品。有些食饈單從文字上推斷也恐非一般。如"蝤蛑簽"，乃是切成薄長方形的大海蟹，從形狀上看就不是一種那麼好處理的菜式。有些食饈的製作方法實在是人爲之極大浪費。"羊頭簽止取兩翼，土步魚止取兩腮，以蝤蛑爲簽，爲餛飩，爲椿甕，止取兩螯，餘悉棄之地，謂非貴人食"。從一個側面反映了南宋皇室宮廷生活的奢華破費。文中清河王張俊爲皇帝設宴的食譜也不乏奢侈之作。"羊舌簽"，單取羊舌爲饈，也不知要宰殺多少頭羊方能滿足。有些食饈也不知爲何物，顯然與普通食饈有懸殊之別。如"蠆兒羹"等。另外食譜中也反映了當時海產品尤其豐富，計有魚、蟹、蝤蛑、蝦、螺、蛤蜊、牡犡、江瑤等，體現了南宋偏安東南沿海的飲食風格與特產。

《玉食批》只是一個皇室宮廷的菜單集，內容不算很多，但卻表現了南宋皇室宮廷過分追求奢費之作的飲食特點，反映了南宋皇帝與高宮貴家及時行樂的腐朽生活觀念。可膳內人，掌管皇家大內膳食，對此是頗有認識與感慨，所以文中發出"嗚呼！"受天下之奉必先天下之懮，不然素餐有愧"之疾聲，正是對南宋朝廷對金人投降妥協，偏安江南，一味追求驕奢淫逸享受生活的一種間接抨擊。

5. 《本心齋蔬食譜》

《本心齋蔬食譜》，宋人陳達叟所編。全書只有二十條簡單的食譜。其所具特色的是每一條食譜，除了介紹使用的食物原料及簡單的製作方法外，還附有十六字贊美詩，似是即席所賦。正如本書開篇所言，"客從何來，竟日清言，各有饑色，呼山童，供蔬饌，客譽之，謂無人間烟火。問食譜，予口授二十品，每品贊十六字，與味道腴者共之"。表明了本譜有二個特點，一是以山菜爲主；二是與一般的烹飪法有別，故謂"無人間烟火"。

本書菜餚基本是蔬食內容，如山藥、筍、蘿蔔、芋頭等，以山菜爲主。當然也有水生蔬菜，"雪藕，蓮根也，生熟皆可薦邊"。其所謂與世俗之烹飪法不同，主要在於製作方法與食用方法都甚爲簡單，重在清淡。"菽，豆也，今豆腐條切淡煮，蘸以五味"。"玉延，山藥也，炊熟，片切，漬以生蜜"。甚至以湯泡飯，"白粲，炊玉粒，沃以香湯"。其詩曰："釋之叟叟，丞之浮浮，有一簞食，吾復何求"。另外，古人稱之爲羹者，多以肉類爲原料，而本譜則載以菜羹爲重。"羹菜，凡畦蔬根葉花皆可羹也"。"土酥，蘆服也，作玉糝羹"。打破了古代多以肉爲羹的傳統，開創了菜羮新素食，不枉爲蔬食之譜。

　本書麵糕一類的食品也佔有相當比例，共有五條，而且蔗糖在這類食品的應用也很普遍。"水團"，"秫粉包糖，香湯浛之"。詩曰："團團秫粉，點點蔗霜。浴以沉水，清甘且甜"。"粉餈，粉米蒸食，加糖曰飴"。古人多以蜜糖爲甜食的主要來源，而這裏已明確地以糖爲甜源。說明了南宋時期，蔗糖已成爲普通的甜食原料。顯然，當時甘蔗種植業與製糖業已有較大的發展。而西歐國家，在十六世紀以前，食糖還作爲一種奢侈品，表現了我國古代飲食文化的發展高度。

6.　《山家清供》

　《山家清供》爲南宋林洪所撰。此書最大的特點是保留了很多烹飪製作的方式方法。從原料的選用、搭配以及烹飪加工過程都有比較詳細的記述。使人能夠依名尋實，一目了然。這是唐宋時期的一部較爲典型的飲食烹飪要籍。

　本書主要是以蔬食的記載爲中心。而且食餚中還出現了以中草藥作爲飲食烹飪原料。如"青精飯"，以旱蓮草爲主要原料，"採枝葉搗汁浸上白好粳米，不拘多少，候一二時蒸飯，曝乾堅而碧色收貯。如用時先用滾水量以米數煮。一滾即成飯矣。水不可多，亦不可少，久服延年益壽"。百合麵，"春秋仲月採百合根，曝乾搗篩和麵作湯餅，寂益血氣。又蒸熟可以佐酒"。其它還有諸如牛蒡脯、麥門冬煎、地黃餺飩等。可見宋代中草藥入饌爲數已不少。那麼中草藥入饌究竟是取決於其藥用價值，還是取其美味享受？以書中所載內容觀之，顯然是兼而有之。"地黃餺飩"，"治心痛去蟲積，取地黃大者淨搗汁和細麵作餺飩食之，出蟲尺許即愈"。當是取其藥用價值。而 "牛蒡脯"，孟冬後採根淨洗去皮煮，每令失之，過槌砠壓乾，以鹽醬茴蘿薑椒熟油諸料研淹一兩宿，焙乾食之如肉脯之味"。這裏兼與衆多調味配料共製，當爲取其美味，故有 "脯" 之名。當然中國古代療食同源、食療同用，有時也很難從嚴格意義上區分，只能大略言之。

　　所謂 "清供" 一般自然是以蔬食爲主。然其更具特色的並不在於書中所記載的大量蔬食烹飪法，而是在於其中記載了不少以花果爲主要原料的花饌或果饌。花饌，是中國古代素菜中別具風味的菜式。我國地大物博，花卉資源十分豐富，爲花饌的認識與創新提供了有利的條件。宋以前花饌較少列入食經食譜之中，多散見於文學類的書籍中。而《山家清供》較早地開始了把花饌列入古代飲食經籍的先河。書中共載有十多種花饌，如梅花湯餅、梅粥、紫英菊、牡丹生菜等。所用花卉以梅菊爲多，也有文宮花、牡丹花、芙蓉花、桂花等。有些花饌名稱動聽，造形優美。如雪霞羹，"採芙蓉花去心蒂，湯焯之同豆腐煮，紅白交錯，恍如雪霽之霞"。而且還富有風味特色，具有食用和食療價值。金飯，"採紫莖黄色正菊英，以甘草湯和鹽少許焯過，候飯少熟投之同煮，久食可以明目延年"。如此觀之，宋人喜食花饌，也非單純出於求名求形，主要還是重在求實求味。果饌也是素菜中很有特色的菜品，至今無論高堂宴會，還是民間家炊，以水果入饌的菜餚仍爲數不少。這方面《山家清供》也有若干記載，如蟠桃飯，蟹釀橙、櫻桃煎、橙玉生等，進一步反映了宋代素菜烹飪製作用料方面所具有的廣泛性與實用性。

　　《山家清供》也記載了不少肉食類的食餚，所用肉類原料也相當廣泛。計有鳥獸、魚、蟹、兔、鹿、牛狸尾，多爲山棲類動

物。其肉類食餚的烹飪製作，比較注重清淡原味，製法頗爲簡單
易行。如"炙饙"，"用鹽、酒、香料淹少頃，取羊脂包裏，猛
火炙熟，擘去脂香，饙麂同法"。又"山煮羊"，"羊作臠，實
砂鍋內，除葱椒外有一秘法，只用槌眞杏仁數枚活水煮之，至骨
亦靡爛"。主要表現了其配料簡少，火候粗糙的特點，較好地保
持了肉類本身的原汁原味。本書不愧爲山家之清供也。不獨蔬食
如此，肉食也無例外，味歸清眞。言其素菜譜似難入正宗，說其
爲清眞譜倒是有點名副其實。

7. 《中饋錄》

《中饋錄》，謂輔江吳氏之作，原收錄於《說郛》之中。本
書的由來及年代均不清楚，不過以其記述的風格，特別是所記載
的食餚均有詳細的烹飪製作過程及方法，成書年代不會早於南宋
以前。

全書內容分爲三大類，脯胙類（二十二條），製蔬類（二十
九條），甜食類（十五條）。其所選用的食物原料都很普通，多
爲家常所見。而在烹飪製作工藝上，有個別菜式則表現了較高的
水平。如"爐焙雞"的製作便是一個典型。"用雞一只，水煮八
分熟，剁作八塊。鍋內放油少許，燒熱，放雞在內略炒，以鏇子
或碗蓋定。燒及熱，醋、酒相半，入鹽少許，烹之。候乾，再烹。
如此數次，候十分酥熟取用"。此菜綜合了煮、炒、焙、烹四種
方法於一用。在唐宋時期的有關記載中尙不多見，較典型地反映
了唐宋飲食文化的製作水平高度。《中饋錄》所載大部份食餚中
有兩個特點較爲突出。一是烹調製作精細講究，十分注重食餚的
色香味美，在烹飪過程中大量應用調味配料。如"黃雀鮓"，"每

只撞淨，用酒洗，拭乾，不犯水。用麥黃、紅麯、鹽、椒、葱絲，嘗味和爲止。卻將雀入匾壇內，鋪一層，上料一層，裝實。以筋蓋蔑片扦定。候鹵出，傾去，加酒浸，密封久用”。甚至蔬食菜餚中也是如此。“糖蒸茄”，“牛奶茄嫩而大者，不去蒂，直切成六稜。每五十斤用鹽一兩，拌勻，下湯焯，令變色，瀝乾。用薄荷、茴香末夾在內，砂糖三斤、醋半鍾浸三宿，曬乾，還鹵。直至鹵盡茄乾，壓匾，收藏之”。二是大部份菜餚的製作方式均以胙、脯、腌爲主，可存放時間較長，而卻失去了食餚中的新鮮風味。如肉食類的菜餚就有十四條是採用脯胙方式，幾佔百分之七十，蔬食類菜餚中就有二十四條也是採用乾製、鹽製、醬製等方法炮製，幾佔百分之九十。如此全書形成了一個頗具特色的飲食風貌與飲食風格。或者可能集中地表現了宋元之際浦江地區的食餚特點。

總之，《中饋錄》所記載的食餚，用料普通常見，製作工序繁多而不龐雜，烹調精細而不苛求，飲食風格趨於一體。首先說明了本書主要記載了民間的家用菜式，而且偏重於某地區具有地方特色的飲食菜餚，大致上表現了江浙一帶的飲食風貌。

二　社會經濟文化生活類（飲食部份）

1.　《四時纂要》

《四時纂要》，唐代韓鄂所撰。這部農書在我國早已散佚，一九六〇年在日本發現了一個明代萬歷十八年的朝鮮刻本，這部農書才重見世人。在現存的古代農書中，飲食文化記載方面最爲顯著的是北魏賈思勰《齊民要術》。唐宋時期，隨著社會經濟的繁榮發展，飲食文化水平不斷提高，有關飲食方面的專門內容越來越多，一般農書對於食單、食譜的記載已趨少見，而更多地集中於農副產品的加工和製作，如釀酒、澱粉加工、食品貯存等。《四時纂要》與飲食文化有關的內容大體上也反映了這一轉向。

《四時纂要》中，釀造方面頗具特色。在農產品加工製作的九十一條有關記載中，釀造方面的內容就佔了三十四條。有些釀造製作工藝相對前代已有較大的發展與創新。如＂麩豉＂的製作，這是一種可以代替豆豉的食品。通常豆豉的原料是黃豆，這裏則是利用麥麩為原料。＂麥麩不限多少，以水勻拌，熟蒸，攤如人體，蒿艾罨取黃上遍，攤曬令乾。即以水拌令浥浥，卻入缸甕中，實捺。安於庭中，倒合在地，以灰圍之。七日外，取出攤曬，若顏色未深，又拌，依前法，入甕中，色好為度。色好黑後，又蒸令熱，及熱入甕中，築，泥卻。一冬取食，溫暖勝豆豉＂。麥麩一般是作飼料之用，其＂麩豉＂可代之豆豉，既節約了糧食，也利用了廉價原料，意義重大。另外在製作豆豉的過程中，其豆豉的液汁通過熱處理，然後貯藏作調味品，＂（豆豉）汁則煎而別貯之，點素食尤美＂。類似現代醬油的製作與食用。製醬方面，進一步改進以前的製醬要先製成麥麴，然後下麴拌豆的分次工藝製作方法。而將麥豆合併一起製成乾醬醅，即醬黃。這樣在醬黃中隨時加進鹽水調製即可成醬，甚為簡便易行。這是始見於唐代的造醬新工藝技術，頗具實用性。＂醬黃＂製作後，如＂要合醬＂之時，則＂每斗麵豆黃，用水一斗鹽五升並作鹽湯，如人體，澄濾，和豆黃入甕內，密封，七日後攪之，取漢椒二兩，絹袋盛，安甕中。又入熟冷油一斤，酒一升。十日便熟，味如肉醬＂。現代一般小型或家庭製醬大體上也多沿用＂醬黃＂之法。

釀酒業的內容記載也很突出。當時已能製作多種品類的酒，特別是藥酒的製作，更是品種繁多。如乾酒釀製法，“乾酒治百病方，糯米五斗，炊，好麴七斤半，附子五個，生烏頭五個，生乾薑、桂心、蜀椒各五兩。右件搗合爲末，如釀酒法，封頭，七日，酒成。壓取糟，蜜溲爲丸，如雞子大，投一斗水中，立成美酒”。而且還備有藥酒功效、用法及禁忌之詳細記述。“枸杞子酒、補虛，長肌肉，益顏色，肥健延年方。枸杞子二升，好酒二斗，搦碎，浸七日，漉去滓。日飲三合”。“地黃酒”，“肥地黃切一大斗，搗碎，糯米五升，爛炊，麴一大升，右件三味，於盆中熟揉相入，納不津器中，封泥”。“若以牛膝汁拌炊飯，更妙，切忌三白。‘葱白、蒜瓣、薑頭’”。除了單方藥酒，複方藥酒的製作也很普遍。或有“屠蘇酒”，“大黃、蜀椒、桔梗、桂心、防風各半兩，白朮、虎杖各一兩，烏頭半分”，複合釀酒而成。反映了唐代釀酒的工藝水平。而且顯示了酒的飲用功能，已經從單純的飲食效果轉向兼而醫用效果。

植物澱粉加工與食用也較之前代更爲普遍和廣泛，從人工栽培作物到野生植物均有所用，而且從穀物擴展到其它諸如藕、蓮、荸薺、澤瀉、葛根、蒺藜、茯苓、山藥、百合等。“作諸粉，藕不限多少，淨洗，搗取濃汁，生布濾澄取粉。茨、蓮、鳧茈、澤瀉、葛、蒺藜、茯苓、署藥、百合，並皆去黑，逐色各搗，水浸，澄取爲粉。以上當服，補益去疾，不可名言。又不妨備廚饌”。表明了唐代對自然資源的認識和利用已達到一定的高度。

《四時纂要》還記載了乳製品、製飴及食品貯藏等方面的內容。除了加工製作方法外，還雜有若干烹調的過程和方法。如始見於唐代文獻的乳製品“乳腐”，在文中就載述了乳腐腌薯蕷的方法。“（薯蕷）去皮，於筹籬中磨涎，投百沸湯中，當成一塊。

取出，批爲炙臠，雜乳腐爲罨炙。素食尤珍，入饞用亦得"。此外還有其它一些類似的記載。反映了唐代農書儘管已從兼載一般家常食單食譜轉爲主要側重於農副產品加工製作方面的內容，但仍保留了一些如《齊民要術》一類農書在飲食文化內容記載方面的風格與特色。唐以後的農書，如宋人陳旉《農書》和元人王禎《農書》等基本上再沒有出現有關烹飪製作方面的內容。所以唐代農書具有承上啓下的歷史作用，不僅表現在農業生產技藝的介紹方面，而且在飲食文化的內容方面，也是如此。

2. 《食療本草》

中國古代向有藥食同源的傳統。隋唐時期，醫藥事業與飲食文化的發展，食療水平有了更進一步的提高。以飲食養生療疾在唐代封建士大夫階級中蔚然成風。食療論著層出不窮，其中流傳至今，又以孟詵及其弟子張鼎所撰著增補的《食療本草》最具代表性。

《食療本草》與一般的本草或飲食的有關專著不同，本草專著以醫療爲主，食經則以飲食爲重。而其則是食療並重，難分彼此，食中帶療，療從食出。首先，《食療本草》所載的藥用原料多來源於日常生活中的普通食物。如蔬菜類的菠菜、茄子、蒜、葱、韭、蘿蔔、冬瓜等；米穀類的大豆、綠豆、粳米、糯米、小麥、白豆等；果品類的荔枝、枇杷、楊梅、石榴、柚、葡萄等；家禽類的牛、羊、狗、雞、鴨、鵝等；魚類的鯽魚、青魚、鯉魚等，都是古代乃至於今天最爲普遍的家用食物。不少食物還是首次作爲本草藥物而見載。如蘿菜、菠菜、柑子、楊梅、荔枝、橄欖、青魚、石首魚、鴛鴦等。有的食物雖然因其藥用價值曾在其

它本草藥籍中有所記載，但在《食療本草》中所載，其藥用範圍
更進一步擴大。如牛，在唐蘇敬《新修本草》中只記載了牛黃與
牛乳。而本書中牛的藥用範圍更加廣泛，諸如牛肝、牛腎、牛肚
甚至牛糞都可充作藥用。說明了唐代隨著一般食物範圍的擴大，
具所具有的藥用效果也越來越為人們所認識，為人類的藥膳食品
增添了更為豐富的內容。

　　儘管藥食同源，也需防病從口入。所以《食療本草》對於飲
食衛生及食物禁忌等方面十分重視。如主張禁食那些病或死的肉
類食物。牛，“自死者，血脈已絕，骨髓已竭，不堪食”。狗，
“瘦者多是病，不堪食”。鷗鵒，“鵒自死者不可吃”。食物禁
忌，主要是食物的藥用效果考慮。或兩種食物同吃，可能會產生
不利於健康的副作用。竹筍，“不可共鯽魚食之，使筍不消成癥
病，不能行步”。甘蔗，“不可共酒食，發痰”。或者是不宜於老
弱病幼者之食，韭，“熱病後十日，不可食熱韭，食之即發困”。
或者同一食物因食用方法不同而產生不良後果，大麥“熟即益人，
帶生即冷，損人”。儘管可能有些食物禁忌的內容，在今天看來不
一定有科學根據，但其能注意到飲食生活中食用與藥用某些方面
的禁忌，則說明了唐代對於食物的藥膳功效認識所具有的客觀性
與辯證法。而且有些食忌內容已為今天的科學證明是正確的。如
鯸鮧魚，類似今天的河豚，“有毒，不可食之，其肝毒殺人”。沙
糖，“損牙齒，發疳䘌，不可多服之”。

　　另外，我國幅員遼闊，不同地區，具有不同的飲食風俗與習
慣。《食療本草》對此也有一定的認識。“若南人北，杏亦不食，
北人南，梅亦不噉”。又“江外人多為米醋，北人多為糟醋”。
而且在不同產地所出產的同類食品，往往具有不同的食療食用效

果。石蜜，"波斯者良，……。蜀川者爲冷，今東吳亦有，亦不如波斯"。栗子，"就中吳栗子大，無味，不如北栗也"。粟米，"南方多畬田種之，極易春，粒細，香美，少虛怯。祇爲灰中種之，又不鋤治故也。得北田種之，若不鋤之，即草翳死，即難春。都由土地使然耳"。即使在同一產地的食品，在不同地區的人類食用中也會產生不同後果。如昆布，"海島之人愛食，爲無好菜，只食此物。服久，病亦不生，遂傳說其功於北人，北人食之，病皆生，是水土不宜爾"。《食療本草》對南北飲食之差異及其原因作了一定的探索。

《食療本草》綜合了唐代藥膳食用之大成，在食療領域中獨樹一幟，對於古代食品學、食療學、衛生學的總結與發展作出了一定的貢獻。這些內容也是飲食文化中又一個重要組成部份，治唐代飲食文化史者，此書未可忽略。

3.《清異錄》

《清異錄》爲北宋陶穀所撰。陶氏原爲五代舊臣，宋初繼續爲宮。開寶三年十二月卒。他所留下的這一部隨筆集，其內容主要是唐五代的史事。全書共分天文、地理、草木、花、果、蔬、禽、獸、居室、衣服、饌羞、喪葬等三十七門，共六百四十八條。其中與飲食有關的果、蔬、禽、魚、酒、茗、饌八門共二百三十八事，約佔全書五分之二。內容甚爲豐富，既有食單，也有烹調技法與製法，開始改變了唐代食經中只單純列菜單而沒有述及原料及製法的缺陷。只不過《清異錄》涉及內容更爲廣泛，且主要是雜採隋唐五代飲食典故所寫，文字更顯消遣幽默。

《清異錄》保留了古代飲食文化的一些重要史料。在饌羞門

中基本保存了隋代謝楓的"食經"和唐代韋巨源的"燒尾食單"，
這是迄今世人所能目睹的隋唐兩代宮廷宴席中較爲齊全的食單。
從其菜名及簡單的古注中，也可推測食一些食餚所用原料及製作
工藝，無疑有助於後人對飲食文化的研究。雖未盡然，也多少有
案可稽。同時書中還保留了不少民間的飲食掌故，如"學士羹"，
"竇儼嘗病目，幾喪明，得良醫愈之。勸令頻食羊眼。儼遂終身
食之"。如此還保留了不少精彩的典故。由此也可考尋唐代飲食文
化的若干史迹，提供了唐代飲食文化風貌及其食療的一些線索。

　　《清異錄》還提供了一些中外飲食文化交流的史實。如"千
金菜"，"咼國使者來漢，隋人求得菜種，酬之甚厚。故因名'千
金菜'，今萵苣也"。爲萵苣在中國的種植傳播提供了旁證。石
發，苔藻類食物，"吳越亦有之，然以新羅者爲上。彼國呼爲"金
毛菜"。這裏以中外物產作爲比較，必然是以新羅食物輸入唐朝
爲前提，反映了唐代中外飲食文化交流的發展。

　　飲食行業在唐代已成爲重要的社會職業，在本書中也多有反
映。唐穆宗時的宰相段文昌，"尤精饌事，第中庖所榜曰'鍊珍
堂'，在涂號'行珍館'。家有老婢掌之，以修變之法指授女僕。
老婢名膳祖，四十年閱百婢，獨九婢可嗣法"。表明了封建統治
階級追求食慾享受的奢望，而且也反映了唐代已經普遍出現專營
烹飪的專業人員，而且還從事教授傳徒。隨著飲食業的發展，以
提供食物原料爲主的畜牧業和屠宰業也應運而生。"郝輪陳留別
墅畜雞數百，外甥丁權伯勸喻輪：'畜一日殺蟲無數，況損命莫
知紀極，豈不寒心'？輪曰：'汝要我破除羹本，雖親而實疏
也'"。這裏所畜養的家禽，主要是面向市場以商品交換爲主要
目的。隨著飲業的發展，其社會地位也越來越高。正如本書所

載，“皇建僧舍，旁有糕作坊，主人由此入貲爲員外官，蓋顯德中也，都人呼花糕員外”。反映了唐五代的飲食業已成爲社會經濟的重要商業部門，在此後的兩宋時期更是明顯發達。

本書還記載了我國古代利用紅麴烹調食物的史實。“孟蜀尚食掌食典一百卷，有賜緋羊，其法，以紅麴煮肉，緊卷石鎭，深入酒骨滲透，切如紙薄，乃進”。所謂“紅麴”，是將紅麴霉培養在稻米上而成，用以製造紅糟、紅酒及紅腐乳等，或作其它食品的紅色色素。這是中國古代最初使用紅麴烹調食物的較早記載。

《清異錄》從嚴格意義上還談不上是一部飲食專著，其內容涉及面更廣，而且不少飲食方面的問題多以故事典故的形式出現。但其保留了不少唐五代飲食文化的寶貴資料，這一點乃毋容置疑。

4.　《事林廣記》

《事林廣記》，南宋陳元靚所撰。這是一部日用百科全書型的古代民間類書，包含較多市井生活狀態與生活顧問的資料，其中不乏飲饌內容。《事林廣記》版本較多，編排體例及內容各有差異。中華書局一九六三年影印了元代至順年間建安椿莊書院刻本，可視爲標準本。計有前集十三卷，後集八卷，續集八卷，別集八卷。飲食內容較多集中在別集的茶果類與酒麴類等。

《事林廣記》比較注意描述湯品和飲料的炮製過程及製作方法。湯品類中，每一個湯品的原料、用量、製作過程甚至火候都有較爲詳細的記述。奇怪的是，湯品全是素湯，以水果、瓜菜、花等爲原料。宋林洪《山家清供》中有不少花饌、果饌，卻少見花湯、果湯。本書所載桂花湯、橙湯一類的湯品，爲唐宋飲食文化要籍中所稀見，直到元明時代才較爲普遍出現。有些湯品則名不副實。如荔枝湯，卻是以烏梅爲主，“烏梅肉四兩焙乾，乾生薑二兩，粉草米兩，宮桂末半兩，如無以丁皮一兩代之，鬆糖半斤”。未知爲何冠以“荔枝湯”一名。元代無名氏著《居家必用事類全集》中也載有“荔枝湯”，所用原料也是以烏梅爲主，其配料大同小異。或者可能其味道與荔枝有相似之處。渴水類，實際上類似今天的飲料。如荔枝漿、楊海渴水、木瓜渴水、玉味渴水等，多以果品爲主。可見當時已出現果子露一類的飲料。無獨有偶，這裏的“荔枝漿”同樣是以烏梅爲主要原料，且備有其它原料的搭配、火候、貯存等方面的內容。所有飲料都經過煮沸消毒處理，十分講求飲用衛生。此外，還載有熟水類，實際上也是飲料一類的飲品。通常是把香料、芳草等投入沸水中，稍涼而飲用。渴水解渴爲主，冷熱均可。五味渴水，“冷熱任意用之”。而熟水則類似品茶熱飲，多趁熱而用。紫蘇熟水“只宜熱用，冷即傷人”。《事林廣記》對於其它製茶、品茶、釀酒、製醋等方面的內容都有詳盡的介紹及製作方法。對於復原古代名茶、名釀具有一定的參考價值。

　　對於水果貯存保鮮方法也有詳細記述。當時主要採取兩種方法，一種是通過對水果進行變性加工而得以保存貯藏。如煎桃杏、煎荔枝等，類似蜜餞的食品。這種方法固然可以起到食物保存作用，卻使水果失去原汁原味。一種是自發保藏，在不損害水果形體及性質的情況下進行保存。如生荔枝，“臨熟摘入甕，澆蜜浸之，油紙緊封甕口，勿令滲水，投井中，雖久不損”。這是使荔枝處於較高的相對濕度條件下，能夠保持水果代謝的正常進行，以達到保鮮保質。而且還採取了類似快速降氧和增加二氧化碳的貯藏技術。如桃，“以麥麩煮粥入鹽少許，候冷傾入新甕，以桃納粥中，密封甕口，冬月食之如新桃，不可熟，但擇其紅色者佳"。
體現了宋代食品貯存的先進工藝水平。

《事林廣記》關於飲食方面所記載的內容並不算多，而貴在
對於烹調製作及食物貯存能夠提供詳細的過程與方法，讓人一目
了然，追名求實。有利於考證與探討古代食品製作，意義深遠。

5. 《東京夢華錄》

宋代是我國封建社會商品經濟發展的重要歷史時期，城市商
業經濟迅速崛起。有關城市和商業諸書也不斷出版流傳。孟元老
《東京夢華錄》便是其中較有代表性的一本。它通過對北宋都城
開封的各種生活風貌和眾多商業行業的繁榮記錄，反映了宋代城
市經濟的發展狀況。與唐宋時期一般的飲食要籍不同，它主要是
從"行業"的角度去表現飲食文化的興盛情況，而不是從"飲食"
角度去探究。因此它主要是反映飲食成為商業重要組成部份的具
體發展狀況。

北宋開封是世界上著名的繁榮都市。飲食業的形成發展與都
市的繁榮、交通的發達及商業的發展關係甚為密切。因為隨著商
品經濟的發展，販運流動人口的增加，他們對衣食住行的需求，
必然刺激了如飲食店、客棧旅店等服務性質行業的興旺。正如書
中所謂："市井經紀之家，往往只於市店旋買飲食，不置家蔬"。
開封的飲食業逐得以迅速發展。首先是飲食行業內部分工越來越
細。諸如果子行、食店、酒店、肉行、魚行、餅店等屬於飲食業
範疇的行店不斷增多，而且愈分愈細。如餅店，當時開封，"凡
餅店都有油餅店，胡餅店。若油餅店即賣蒸餅、糖餅、裝合、引
盤之類。胡餅店即賣門油、菊花、寬焦、側厚、油碢、髓餅、新

樣滿麻"。其次是飲食行業經營的規模進一步擴大。光是酒店、酒樓，"在京正店七十二戶，此外不能遍數，其餘皆謂之腳店"。有些飲食店，幾乎通曉營業。"夜市直至三更盡，才五更又復開張，如要鬧去處，通曉不絕"。隨著飲食經營的逐步發展，造就了眾多熟悉飲食行業業務的專職人員或閒職員，他們與僱主形成了僱傭關係。如記載中那些所謂"行茱者"。"不容差錯，一有差錯，坐客白之主人，必加叱罵，或罰工價，甚者逐之"。又"凡僱妥人力，干當人、酒食、作匠之類，各有行老供僱。覓女使即有引至牙人"。進一步促進了宋代城市僱傭勞動的發展，充分表明了宋代飲食業已經發展成爲一個重要的商業部門。

在飲食茱餚記載方面，由於本書著重從商業角度談論飲食，對於品類繁雜的食餚並沒有提及加工製作的烹調方法，所以只能給我們留下豐富的茱單與食單。而以其記述的食餚名稱觀之，當時的食物範圍及內容十分廣泛。從山珍海味到日常茱蔬應有盡有，琳琅滿目。在烹飪製作的技術方法中，炒、爆、煎、炸、燒、炙、蒸、腌等也樣樣俱全，食餚色香味美，展示了北宋開封城市飲食文化的豐姿。《東京夢華錄》最早記載了中國古代食雕藝術的發明創造。如七月初七，人們"以瓜雕刻成花樣，謂之'花瓜'，又以糖蜜造爲𩝴兒，謂之'果食花樣'，奇巧百端"。將瓜果類食物原料雕刻成各式花樣，不僅能得到飲食生活上的色香形美，而且能享受到藝術上的美感，以後不斷發展，食雕成爲中國古代飲食史上一門充滿詩情畫意的飲食藝術。

《東京夢華錄》儘管沒有給後人留下佳餚名茱的製作方法，但其多姿多彩的食餚茱單，只要參考結合更多的旁證材料，古爲今用，其重要價值未可估量。

6.　《夢粱錄》

《夢粱錄》，南宋吳自牧所撰，其體例和《東京夢華錄》一脈相承，主要反映了南宋都城臨安的城市商業經濟狀況，內容更爲豐富詳備，在飲食文化方面的內容也是如此。

南宋臨安的飲食業，從《夢粱錄》中所見，比北宋開封更爲發展。飲食行業內部的分工更爲細雜，諸如酒行、食飯行、麵行、蟹行、薑行、菱行、茶行、雞鵝行、肉市、米市、肉鋪、米鋪、酒肆、茶肆、麵食店、點心店等飲食各行市鋪店，如雨後春筍，不斷出現，不斷擴展，有些行鋪還包括原料經銷、加工製作與成品買賣。如鮺鋪，由於臨安位於湖海之濱，水產尤爲豐富。所以"城內外鮺鋪不下一二百餘家"。除經銷水產品買賣外，還兼營水產加工。"鋪中亦兼賣大魚鮓、鱘魚鮓、銀魚鮓、飯鮓、蟹鮓、淮魚乾、蟶蚶、鹽鴨子、煎鴨子、煎鱗魚、凍要魚、凍魚、凍鮺、炙鞭、炙魚、粉鰍、炙鰻、蒸魚、炒白蝦，又有盤街叫賣，以便小街狹巷主顧"。業務範圍十分廣泛。據載，"臨安城內處處各有茶坊、酒肆、麥店、果子、綵帛、絨線、香燭、油醬、食米、下飯魚肉鮺臘等鋪。蓋經紀市井之家，往往多於店舍，旋買見成飲食，此爲快便耳"。說明了南宋飲食業興旺發達。而且飲食行業的增加擴展，同行業之間的競爭愈演愈烈。因此飲食各行業或各店鋪，往住要以本門本業擅長之名食名餚獨相號召，以便在競爭中立於不敗之地。當時臨安城中已湧現了一些"招牌菜"，如雜貨場前甘豆湯、壽慈宮前熟肉、錢塘門外宋五嫂魚羹、中瓦前職家養飯等，都是盛極一時的"名食"。有些成名之後，歷年相傳。自淳祐年間有名相傳者，就有貓兒橋魏大刀熟肉、五間樓前周五郎蜜煎鋪、腰棚前菜麵店等。只有在飲食業高度發展的情形下，才可能出現這類競爭情況。

以《夢粱錄》中所見，南宋臨安市井人戶三餐制也更爲明顯定型。反映在早餐上已經以點心、小食爲主，而非以主食乾食用餐。其品種多樣，冬夏有別。"御街鋪店，聞鐘而起，賣早市點心。如煎白腸、羊鵝事件、糕、粥、血臟羹、羊血、粉羹之類。冬天賣五味肉粥，⋯⋯。有賣燒餅、蒸餅、磁糕、雪糕等點心者。以趕早市，直至飯前方罷"。以至 "早市供膳諸色物件甚多，不能盡舉"。這裏顯然與兩餐食制不同，早餐已經不是作爲主要的餐制，追求小而精、雜而細。反映了社會生活頻率的加快，生產作息時間更爲緊湊進步。

《夢粱錄》中記有不少名菜佳餚，不下數百種。遺憾的是同樣沒有記述食餚的烹飪製作工藝和方法。儘管南宋偏安江南，但食物的種類與來源依然有增無減。以本書 "物產" 節中所見，與飲食關係密切相關的就有穀品、菜品、獸品、禽品、蟲魚品，光稻米就有九種，豆類十八種。連普通的薑也分爲薑、薑芽、新薑、老薑四種，各種禽魚、水果的食品也是不計其數，可謂集唐宋食物原料之大成。從一個側面表明了宋代飲食文明的高度發展，已接近近代之發展水平。

《夢粱錄》和《東京夢華錄》一樣，在唐宋時期乃至於古代飲食文化方面，具有十分重要的文獻價值，而在內容上，則以《夢粱錄》更勝一籌。

綜上所述，唐宋典籍中已經出現了爲數可觀的飲食文化著作，其範圍牽涉廣泛，除了飲食專著外，其它筆記、小說、農書、醫書、商業諸書等同樣包括了豐富的飲食文化內容。而且唐宋飲食文化要籍在體例編排及內容上也在不斷完善發展。首先從簡單地記錄一些菜餚之名，而缺少具體烹飪製作工藝與方法的食單、菜單一類的著作，逐步發展爲名副其實，開始詳細記述各類食餚烹調製作和方法的較典型的飲食專著。其次是從單純記錄飲食烹飪製作，逐步發展與食物貯存、食物養生療疾等方面內容緊密結合的飲食綜合全書。最後把飲食生活孤立地放在獨立的範疇內記述，而發展爲把飲食放到社會經濟範圍內，作爲商業經濟的一個重要組成部份去作進一步探索。一方面說明了唐宋時期飲食文化發展更加豐富多彩，另一方面也進一步反映了唐宋飲食文化要籍對於繼承和發揚我國飲食文化傳統具有十分重要的意義。當然要眞正發掘整理與研究唐宋飲食文化的豐富資料，光靠若干要籍顯然是遠遠不夠。散見於其它正史、別史、文集、詩詞、筆記、小說、農書、醫書以及考古學、民族學的有關材料，都可以進一步廣泛搜集有關唐宋飲食文化的研究資料。這裏只不過是拋磚引玉，略陳一二，以期待更多的方家在匡正之餘，能夠進一步發掘更多寶貴的材料，以豐富中國飲食文化的寶庫。

國立中央圖書館出版品預行編目資料

唐宋飲食文化發展史／陳偉明著.--初版，--
　　臺北市：臺灣學生，民84
　　面；　　公分.
ISBN 957-15-0675-3（精裝）
ISBN 957-15-0676-1（平裝）

1.飲食 (風俗) - 中國　2.中國 - 文化 - 唐 (618-907)

538.782　　　　　　　　　　　　　　　84004013

唐宋飲食文化發展史（全一冊）

著　作　者：陳　　　偉　　　明
出　版　者：臺　灣　學　生　書　局
發　行　人：丁　　　文　　　治
發　行　所：台　灣　學　生　書　局
　　　　　　臺北市和平東路一段一九八號
　　　　　　郵政劃撥帳號〇〇〇二四六六八號
　　　　　　電話：三 六 三 四 一 五 六
　　　　　　FAX：三 六 三 六 三 三 四
本書局登
記證字號：行政院新聞局局版臺業字第一一〇〇號
印　刷　所：常　新　印　刷　有　限　公　司
　　　　　　地址：板橋市翠華路八巷一三號
　　　　　　電話：九 五 二 四 二 一 九

定價　精裝新臺幣二七〇元
　　　平裝新臺幣二一〇元

中 華 民 國 八 十 四 年 五 月 初 版

ISBN　957-15-0675-3（精裝）
ISBN　957-15-0676-1（平裝）